A Monsieur Hennequin, Député.

hommage respectueux de l'auteur

Augustin Chaho, de Navarre

LA
PROPAGANDE RUSSE
A PARIS.

Imp. de Mévrel, pass. du Caire, n. 54.

LA

PROPAGANDE RUSSE A PARIS.

EXAMEN DES FRAGMENTS ET CONSIDÉRATIONS DE M. LE BARON D'ECKSTEIN, SUR LE PASSÉ, LE PRÉSENT ET L'AVENIR DE L'ESPAGNE;

PAR AUGUSTIN **CHAHO**,

Auteur des PAROLES D'UN VOYANT; — de la PHILOSOPHIE DES RÉVÉLATIONS; — du VOYAGE EN NAVARRE PENDANT L'INSURRECTION DES BASQUES, etc., etc.

Voyez ce vieux Marquis
Nous traiter en peuple conquis.

Le Marquis de Carabas.

BÉRANGER. — CHANSONS.

A PARIS,
CHEZ Mme GOULLET, LIBRAIRE,
PALAIS-ROYAL, GALERIE D'ORLÉANS, 7.

A TOULOUSE,
Chez J.-B. PAYA, rue Croix-Baragnon, hôtel de Castellane.
Et chez les principaux Libraires des Départemens.

A GENÈVE,
Chez Ab. CHERBULIEZ et Cie, rue de la Cité.

A LIÉGE,
L. et A. POLAIN Frères,
Librairie ancienne et moderne, Pied du Pont d'île, No 658.

AVERTISSEMENT.

Le corps de cette brochure ayant été imprimé dans une province éloignée de Paris, sur un manuscrit peu lisible, l'auteur, qui n'a pu revoir lui-même les épreuves, se voit obligé de demander grâce à ses lecteurs pour les fautes d'impression dont le texte fourmille. Il en a fait corriger bon nombre à la main avec de l'encre rouge : l'*Errata* en signale d'autres. L'auteur, privé de son manuscrit, regrette de n'avoir pu rétablir diverses notes supprimées par l'incurie des imprimeurs provinciaux.

Il croit aussi devoir une explication aux critiques pointilleux, sur la date de 724—750 qui est citée comme étant celle de l'érection de la Navarre en royaume. L'auteur, dans un écrit précédent, a dit que la royauté navarraise date du neuvième siècle, et il n'a point changé d'opinion à cet égard ; mais les chroniqueurs aragonais et Moret lui-même donnant le titre de rois aux chefs de Pampelune et de Sobrarve à partir de l'année 716, il a cru pouvoir se placer un instant au même point de vue historique dans l'intérêt de son argumentation. A vrai dire, pendant tout le huitième siècle, ces prétendus rois de Pampelune et de Sobrarve, reçoivent, dans les chroniques, le simple titre de général ou duc des Navarrais, *dux Navarrorum*. Cette dénomination latine, qui désignait chez les Goths une dignité féodale, n'est appliquée aux héros navarrais que par les chroniqueurs castillans-romans. Elle est la traduction la plus inexacte possible du mot euskaro-iberique *Jaon*, qui désigne l'Ancien ou le magistrat de la république dans l'idiôme patriarcal des montagnards. Tout le monde connaît l'histoire du fameux *Jaon-Zouri*, ou Seigneur-Blanc des Cantabres, tige de l'illustre maison de Haro.

ERRATA.

Page 28, à la ligne 8 de la note, *au lieu de* rideau, magique,—*lisez* rideau magique.
Page 31, ligne 17, *au lieu de* premets,—*lisez* permets.
Page 32, ligne 8 de la note, *au lieu de* reliqua,—*lisez* répliqua.
Page 33, ligne 17, *au lieu de* budjet,—*lisez* budget.
Page 45, ligne 17, *au lieu de* imitation,—*lisez* imitateurs.
Page 48, à la note relative à M. Viardot, *au lieu de* plagiare,—*lisez* plagiaire.
Page 62, ligne 32, *au lieu de* ly alcaro,—*lisez* ly alçan.
Ibid. *au lieu de* eran,—*lisez* iran.
Page 63, ligne 9, *au lieu de* Irigo,—*lisez* Inigo.
Id. ligne 10, *au lieu de* Garcie-Eriko,—*lisez* Garcie-Eneko.
— ligne 12, *au lieu de* Zalduuak,—*lisez* Zaldunak.
— ligne 20, *au lieu de* Ricambrie,—*lisez*, Ricombrie.
— ligne 21, *au lieu de* as principio pou,—*lisez* al principio por.
— ligne 24, *au lieu de* Garcie-Eriko,—*lisez* Garcie-Eneko.
Page 64, à la ligne 3 de la note, *au lieu de* par retomber,—*lisez* pour retomber.
Page 72, ligne 24, *au lieu de* la révolution française en particulier,—*lisez* en particulier, la révolution française.
Page 74, ligne 6, *au lieu de* satyres,—*lisez* satires.
Ibid. ligne 7, *au lieu de* la Gazettes,—*lisez* les Gazettes.
Page 79, ligne 36, *au lieu de* divisé,—*lisez* divisée.
Page 85, ligne 9, *au lieu de* le comte H.,—*lisez* le comte N.
Page 82, ligne 9, *au lieu de* Mlle Merlin,—*lisez* Mme Merlin.
Ibid. ligne 11, *au lieu de* Mme Grisi,—*lisez* Mlle Grisi.
— Id. *au lieu de* ses nobles,—*lisez* ces nobles.
Page 89, aux lignes 11 et 13 de la note, *au lieu de* castors,—*lisez* cartons.
Page 89, ligne 14 de la note, *au lieu de* mes anecdotes,—*lisez* les anecdotes.

TABLE DES MATIÈRES.

I.

LE BARON D'ECKSTEIN.

I.

Comme quoi je réponds à M. le Baron d'Eckstein.

Monsieur le Baron,

J'ai lu vos considérations sur le passé, le présent et l'avenir de l'Espagne avec un véritable ravissement d'esprit. Votre livre, dites-vous, peut se comparer aux cinq doigts de la main, parce qu'il se divise en cinq parties. Je suis d'avis qu'on doit plutôt le comparer à la tête symbolique du roi Janus. Votre livre, c'est vous-même en personne, M. le Baron; c'est votre physionomie à plusieurs faces, que je vais faire rayonner en tout sens pour la plus grande édification de nos hommes d'état et journalistes, et pour la récréation du lecteur.

L'entretien que nous allons avoir ensemble sera long, je le prévois. Je me propose d'examiner votre livre d'un bout à l'autre; je serai sobre de citations textuelles; j'aurai soin d'égayer les citations indispensables par des réflexions plus ou moins piquantes. Si, malgré tous mes efforts, je ne puis réussir à rendre cette lecture amusante, je suis certain de la rendre éminemment instructive. Votre ouvrage mérite un examen approfondi, non seulement à cause des choses que vous avez dites, mais à cause de celles que vous laissez entrevoir, ou que vous taisez finement, avec l'espoir de laisser dans l'esprit de vos lecteurs le germe perfide de la pensée que vous voulez y faire naître. Si vous nous parlez de l'Espagne, vous ne vous occupez pas moins de la France dans votre livre, et vous pensez encore plus à d'autres peuples dont vous ne dites rien. Le rapprochement de vos idées me permettra d'arriver à des résultats importans et curieux.

Sur le terrain des questions religieuses, il est un gigantesque adversaire avec lequel il m'eût été beau d'engager une lutte. Ce n'est point vous, M. le Baron; vous n'êtes qu'un brahme rêveur; c'est La Mennais. En politique, le moins fort de ces journalistes, que vous dédaignez si profondément, vous battrait sans peine. Il restera donc bien convenu que la tendance de vos idées, et le soleil du Nord devant lequel vous vous êtes prosterné, vous attirent ce livre de ma part. Si l'opinion me condamne, si le public français ne sourit point à mes efforts, je brise ma plume, et sans retour; car l'amour du bien et du vrai ne suffit point pour excuser une grande erreur, que tout homme politique doit expier en se retirant. Je joue gros jeu, M. le Baron; il faut que je sois bien sûr de gagner ma partie, pour oser la risquer à ce prix. Si, après m'avoir lu, vous affirmez que j'ai dénaturé vos expressions ou noirci vos intentions politiques, je donne au premier venu le droit de lacérer ces pages, et de me les clouer avec une épée sur le front: *Se me claven en la frente!*

II.

De la répugnance de M. le Baron d'Eckstein à hurler avec les loups; ce qui ne l'empêche pas de hurler tout seul.

Le succès que votre livre vient d'obtenir, les sympathies étranges que vous avez su cultiver dans les hommes qui auraient dû vous dénoncer à la France, et m'épargner la tâche que je me suis imposée, la sécurité parfaite avec laquelle vous développez votre théorie d'invasion moscovite, au bruit des applaudissemens, tout cela me confond et me semble inexplicable; c'est un problème qu'il m'est impossible de résoudre par moi-même. Pour vous, M. le Baron, qui êtes habile dans « l'art de diriger et d'impressionner les esprits », vous nous apprenez qu'il n'est rien au monde de si facile que de leur plaire. Ne dites-vous pas que tous, rois, ministres, pairs, députés, « écrivains surtout et journalistes », grands hommes de club et petits hommes de salon, vrais enfans, sont prodigieusement enclins à la flatterie ? Ne dites-vous point qu'on les a tous, tant qu'ils sont, les plus huppés en fait d'esprit, comme les plus bornés sous le rapport de l'entendement, les hommes célèbres comme les hommes ignorés, en leur faisant un peu la cour ? Ne dites-vous point tout cela, ô vous, noble Baron, ô grand homme, qui n'avez rien de l'enfant, et qui déployez l'adresse d'un diplomate vieux et consommé pour arriver à vos fins par mille détours, à travers mille obstacles, sans que rien soit capable de vous distraire ou de vous effrayer ? vous si fier d'être vous-même, et qui, tout en faisant parade d'une indépendance stoïque, avertissez adroitement vos amis d'outre-Rhin de voir de bon œil et sans ombrage les rôles divers que votre dévouement sans mesure vous oblige de prendre et de varier ! vous qui vous tiendriez « indigne de vivre », si vous faisiez le plus léger sacrifice à l'esprit de parti (français) ! vous qui préféreriez être dévoré tout vivant, que de hurler avec les loups, comme vous le dites ! vous qui hurlez tout seul, semblable au premier chacal qui, flairant de la hauteur un champ de carnage, glapit de joie et appelle ses compagnons avec des cris féroces * !

Il est donc vrai que vous aviez fait un recueil de notes curieuses sur les puérilités de la vanité française, et sur nos écrivains et jour-

* M. le Baron d'Eckstein a eu pour devancier dans cette mission le célèbre Kotzebue; mais le sophiste du Séland renchérit encore sur les plates injures que le dramaturge cosaque a vomies contre la société française dans la relation de son voyage à Paris. Nos journaux ont entretenu tout récemment le public de Kotzebue ; ils ont donné lieu de croire que l'auteur de *Misanthropie et repentir* était Allemand. Kotzebue était Livonien de naissance, et propagandiste pour le Czar. Doué d'un talent du troisième ordre, cet homme fut un grand misérable, et servit activement en Allemagne les desseins ténébreux de la politique russe. La veille de sa mort, il avait reçu de Sand une lettre par laquelle celui-ci le prévenait de son funeste dessein, en lui disant qu'il l'épiait partout « le fer à la main. » Dès ce jour Kotzebue n'osa plus sortir de sa maison. Sand prit la résolution de l'y chercher Le dramaturge était en compagnie de sa femme, de la Baronne de H*** et de la princesse d'Isembourg, lorsqu'un domestique vint lui annoncer la visite du jeune étudiant. — « Qu'il entre, » dit le Livonien d'un air fanfaron. Le jeune homme répondit que sa visite ne concernait que trois personnes : Dieu, Kotzebue et Karl Sand, et que si Kotzebue avait peur, il n'avait qu'à se présenter armé. Le Livonien résiste aux larmes et aux prières des dames qui voulaient le retenir ; pâle, tremblant, se soutenant à peine, il quitte le salon, dont il eut soin de laisser la porte ouverte. Un cri perçant retentit bientôt dans l'antichambre; |Kotzebue parait chancelant, frappé d'un coup mortel, et tombe assassiné.

nalistes, grands hommes de club et petits hommes de salon, que l'on peut mener avec un fil, comme de vrais enfans, tant ils sont enclins à la flatterie, tant il est facile de les avoir tous en leur faisant un peu la cour ? Vous pourriez, dites-vous, faire à ce sujet des révélations étonnantes, et vous vous abstenez ? La menace est terrible, votre générosité sans bornes. Vous ne voulez pas nous causer de frayeur sérieuse ; vous êtes trop habile et trop prudent pour cela. Vous annoncez que vous avez brûlé avec soin toutes les notes que vous aviez eu la fantaisie de rassembler. Vous daignez nous rassurer sur ce point ; je ne vous en crois guère. Vos notes, vous les garderez, au contraire, pour les cours de Vienne, de Berlin et de Saint-Pétersbourg. L'on peut juger par votre livre de l'esprit impartial qui doit les animer. Peut-être un jour, prêt à repasser le Rhin pour aller rejoindre vos Barbares, nous les jetterez-vous à la face en fuyant. Ce sera le trait du Parthe, le dernier trait de la longue mystification dont vous avez cru long-temps que nous serions les dupes. Ce jour-là, je publierai des révélations sur les cours du Nord. J'ai détaché de mon recueil quelques anecdotes qui, je l'espère, ne dépareront pas cette brochure.

Le rôle que vous jouez parmi nous cesse d'être équivoque. N'avez-vous point dit, à l'adresse du magnanime Czar, que vous n'espérez rien en France du roi, du ministre, du fabricant, des jacobins, des intrigans de boudoir et des crieurs de la place publique ? Que vous ne leur demandez point « la permission d'exister ? » Vous, qui prétendez exister en dépit d'eux et leur faire, dans leur propre maison, une guerre traîtresse ! vous qui savez, au besoin, endosser, comme vous le dites, le capuchon du moine et rester homme sous la bure, en dépit des légistes et de leurs décrets ! vous qui prenez dans l'occasion le mousquet et l'uniforme du soldat ! vous enfin, nouveau Protée, qui, lorsque cela vous convient, lorsque le cœur vous en dit, savez être cordonnier comme Jacob Boehme, libraire comme Richardson, douanier, pêcheur et charpentier comme les apôtres, esclave comme Lockman ou comme Epictète ; revêtir enfin tous les costumes, et sous tous les costumes, conserver...... quoi ? noble Baron du Séland, un cœur d'homme, dites-vous, un esprit d'homme ? Soit ; mais permettez-moi d'ajouter : un cœur chaudement danois, prussien, autrichien, russe ; un esprit vraiment tartare, et nous serons d'accord.

III.

Du profond respect de M. le Baron d'Eckstein pour la dignité de la nature humaine, en général, et pour la dignité de la nature française en particulier.

Vous nous dites, M. le Baron, que vous avez ébauché votre livre « sous la forte impression de la dignité de la nature humaine. » Je me permets de croire que cette assertion, peu véridique, est destinée à servir de passeport aux injures que vous faites pleuvoir, comme un feu roulant, sur toutes les parties de notre état social. Est-il une réputation que vous n'ayez foulée aux pieds ? une gloire que vous n'ayez rabaissée avec mépris ? Vous vous êtes dressé de toute la hauteur de votre génie ; vous avez incliné votre sublime tête dans l'Olympe, et, croisant les bras, vous avez promené des regards dédaigneux sur la France pour la prendre en pitié.

Commençons par le clergé catholique : sous quel aspect vous est-il apparu ? Qu'avez-vous vu dans nos prêtres, dont vous étiez le champion et l'auxiliaire ? Un vil troupeau de diseurs de litanies, des sacristains, des marchands de religion à tant la demi-aune, des écrivasseurs de petits journaux, des âmes serviles qui prostituent l'autel, une religion d'esprits faibles et de femmelettes, un sacerdoce privé du feu sacré, dépourvu de divines entrailles. Tel est le beau portrait que vous nous faites de vos anciens amis

Où sont aujourd'hui les rois, les sénateurs, les peuples ? Vous n'apercevez de tout cela « qu'une défroque déguenillée, quelques » lambeaux qui traînent dans le carnaval universel, de pitoyables » déguisemens. » — Carnaval, soit ; mais vous y jouez passablement votre rôle. En avant le Malin, en avant le Pierrot. Passez beau masque, saute Polichinelle ! On te connaît. — « La foi monarchique est éteinte sans retour. » Ainsi soit-il. « La foi républicaine s'est évanouie. » Que s'est-il donc conservé parmi nous ? « Les cadres des clubs » et avec eux une « ignominieuse envie, » une « haine odieuse, » le plus « crapuleux égoïsme » assis au sommet comme à la base de notre édifice social. Ce n'est là qu'une faible partie de « toutes nos misères *. »

Après avoir flétri la France dans sa religion, dans sa politique et dans sa littérature, vous arrivez à la jeune philosophie de notre siècle. A côté de l'abbé Châtel, des Saint-Simoniens, et des Fouriéristes, vous placez « les progressistes, les humanitaires, les panthéistes, » que vous appelez sans façon « les Hahnemann de la politique « industrielle. » Tout cela, dites-vous, « tourbillonne ; tout cela vend « sa drogue. » Bien différens de vous, M. le Baron, qui donnez la vôtre pour rien, sans autre rénumération que les bonnes grâces de la Sainte-Alliance, les poignées de main de ses diplomates, et peut-être quelques misérables pensions qui ne valent pas la peine que l'on en parle. Vous êtes un homme tout-à-fait à l'abri de la séduction des intérêts terrestres et matériels. Il n'y a, pour s'en convaincre, qu'à vous entendre discourir de la philosophie prêchée au bon peuple de France, depuis un demi-siècle. On ne lui enseigne, dites-vous, que la doctrine des « intérêts. » Quoi de plus ignoble et de plus trivial ? « Il « ne comprend de vérité que la chose utile. » Il a tort ; il ferait sans doute mieux de comprendre l'inutilité de vos paradoxes. S'occuper de ce qui est véritablement utile ! c'est le comble de la déraison. « Avec cette sagesse que chaque imbécile possède à bon marché, » (je croyais, au contraire, que la science des choses vraies et utiles coûtait ordinairement fort cher.) « on s'énorgueillit de sa plati-« tude. » Il n'en est point ainsi de vous, ô pyramidal Baron ! « Chaque « homme devient son idole et son thurifère. » Hélas ! hélas ! « Tous « nos garçons perruquiers sont gens prodigieusement éclairés. » Il en est plus d'un, seigneur Baron, qui serait en état de vous faire la barbe comme Figaro. « Tous nos chiffonniers sont des esprits forts ; « ils ne croient pas ! » Comment ! chiffonniers endurcis, vous avez

* Le lecteur est prié de remarquer que le noble Baron d'Eckstein, de l'île du Séland scandinave, se sert toujours du pronom possessif, et dit finement *notre* état social, *nos* misères, en parlant de la France. Nous concevrions ce langage si les Danois et les Moscovites étaient maîtres de Paris. L'on ne peut s'empêcher de rire en voyant l'adroit écrivain essayer d'y habituer nos oreilles par anticipation. Je crois même que le noble sophiste de la Sainte-Alliance pousse quelquefois l'illusion de ses rêves poétiques et militaires jusqu'à regarder l'envahissement de la France comme un fait accompli.

l'audace de ne pas croire M. le Baron ? Tremblez vilains ; on vous donnera le knout. — Prenez-y garde, M. le Baron, nos chiffonniers, dont plusieurs savent très-bien lire, pourraient un beau jour ramasser au coin d'une borne les lambeaux de votre volume que quelque bon Français n'aura pu s'empêcher de froisser avec dédain. Dans ce cas, gare au crochet du chiffonnier philosophe ; il est homme à vous prendre pour une guenille, et à vous loger dans son mannequin. Ce qui vous cause surtout une vive frayeur, c'est de voir « la civilisation » chercher à se frayer une route à travers les haillons de la misère. » Vous avez déclamé contre la civilisation du chiffonnier ; vous ne faites point grâce à la bourgeoisie parisienne. Vous nous apprenez que « le peuple boutiquier de la capitale du monde civilisé est cent » fois plus grossier dans ses mœurs que les bandits de la Calabre, » que les miquelets du Piémont. » Vous ne manquez point de lui opposer en contraste le peuple Suédois et Norwégien, ainsi que les habitans de Vienne. Les Parisiens désormais n'ont rien de mieux à faire que d'abandonner leurs comptoirs à vos excellens habitans de Vienne, à vos Suédois mieux policés, à vos Norwégiens et à vos Cosaques, lesquels ne sont pas grossiers, pas ivrognes, pas voleurs, tant s'en faut ! Je n'exagère nullement votre conclusion. Ne consacrez-vous pas, je ne sais combien de pages, à conseiller aux Français et aux Espagnols d'aller en commun faire la conquête du royaume de Maroc ? Ne frémissez-vous pas déjà, de voir la Nubie menacée par nos boutiquiers et nos sous-préfets ? Quel est le but de ces étranges conseils que vous nous donnez avec le sérieux le plus comique ? C'est de refouler de plus en plus vers des contrées nouvelles les populations méridionales, afin qu'à leur exemple, et par le flot de l'envahissement les guerriers du Nord se trouvent portés d'eux-mêmes dans les terres du Midi. Ainsi, d'après vous, s'accompliront les voies providentielles qui poussent le genre humain à s'étendre et à s'avancer dans sa marche progressive, jusqu'à la conquête du globe *.

* Les Français qui ignorent de quel esprit les populations du Nord sont animées auront peine à croire qu'elles songent sérieusement à la conquête de l'Italie, de la France et de l'Espagne. Rien n'est plus vrai néanmoins, et cette guerre est le premier des instincts nationaux, le vœu le plus impérieux, chez des tribus innombrables, parmi lesquelles plus d'un homme se laisserait couper un doigt pour le plaisir de boire une bouteille de vin de Champagne. La race slave s'agite de nos jours comme

Réjouissez-vous, M. le Baron ; votre voix a été entendue ; nous allons faire battre le rappel : Normands, Bourguignons et Champenois vont s'embarquer pour Maroc et pour la Nubie ; ces derniers laisseront à vos Tartares le soin de faire leurs vendanges. Les Andaloux formeront l'avant-garde : ils abandonneront leurs vins dans les pressoirs, et ne toucheront point aux oranges qui pendent aux arbres, afin que les Cosaques, en arrivant, altérés par l'ardeur du soleil méridional, aient le plaisir de se raffraichir le gosier. Voilà, selon M. Baron, l'unique moyen d'empêcher que les Français et les Espagnols ne se « bestialisent » complétement.

IV.

Du style de M. le Baron d'Eckstein.

L'une des choses qui me réjouissent le plus dans votre livre, c'est le style, M. le Baron ; et bien faut-il que vous en soyez vous-même souverainement enchanté, sans cela vous ne vous moqueriez point si cruellement de celui de nos jeunes écrivains, *progressistes*, *panthéistes*, *humanitaires*, etc. Vous faites fi de leur français bigarré. Donnons quelque échantillon du vôtre, qui sans doute en vaut bien un autre.

Son principal mérite qui d'abord saute aux yeux, c'est le luxe des épithètes, et quelles épithètes ! Voulez-vous définir un prêtre bien pensant ?

une troupe d'oiseaux voyageurs tout prêts à prendre leur volée pour des climats lointains. La tradition des migrations de leurs ancêtres, Celtes et Goths, ainsi que les souvenirs tout récens de la campagne de Paris, invoqués par les chefs des Barbares, exaltent leur courage. Il n'y a pas jusqu'aux bureaux du ministre de Prusse, l'honnête et pacifique Nagler, où il ne soit journellement question de la conquête de la France. On y parle avec enthousiasme des vins de Champagne et de Bourgogne, et des exploits du général Bulow sous lequel certains de ces messieurs attaquèrent le village de Saint-Denis avec une fureur dont ils se glorifient encore.

vous en faites un *tendre roseau divin*. Que c'est bien dit ! Si vous quittez le genre mignard pour le genre sublime, tout devient prodigieux, gigantesque, colossal, énorme, énormément stupide, énormément corrompu. Dans une même phrase vous êtes « prodigieusement étonné ». Étonné de quoi? « De l'énorme dépense d'esprit qu'il faut » et pourquoi faut-il cette énorme dépense d'esprit? « Pour soutenir tout ce » néant d'une détestable philosophie et de la plus maigre des politi- » ques ». A vous lire, je crois voir s'avancer à chaque instant l'antiquaire de Guy-Mannering, avec deux in-folios sous les bras, et répéter sa phrase favorite, c'est prô-ô-digieux ! Ne se trouvera-t-il point en France un critique charitable qui dise franchement à M. d'Eckstein : — « Seigneur Baron, si vous prenez votre style platement brutal pour » de la force, vous êtes prodigieusement dans l'erreur. Il n'y a là ni » force, ni vérité; mais une passion calculée, une fausse exaltation de » sophiste, et chacune de vos pages prouve la vérité de ce que vous » dites quelque part : — Rien n'est plus facile que la déclamation ! »

La logique des pensées est une qualité précieuse que la nature de l'île de Séland vous a départie en petite dose, M. le Baron. Quant à la logique du style, il est des instans où vous en êtes complétement dépourvu. Vous nous dites, avec une emphase impayable, à la page (11) de votre préface, qu'à la première apparition de Napoléon en Allemagne « chaque poitrine noble se soulevait sous les pulsations d'un cœur » libre. » Des poitrines qui se soulèvent sous des cœurs ! c'est un peu fort, M. le Baron. Comment un philologue aussi profond que vous croyez l'être peut-il ignorer que le mot soulever, *sublevare*, signifie en définition latine et française, rendre léger sur, lever sur, *sub-lev-are* ? Et que par conséquent soulever sous est une locution essentiellement contradictoire, un barbarisme, un non sens ? Mais ce sont là des vétilles auxquelles un grand écrivain tel que vous ne daigne pas faire attention. Restent les poitrines nobles que vous placez sous les cœurs, ou les cœurs que vous placez sur les poitrines. Oh ! M. le Baron, vous avez dit là une chose bien hardie. Le *progressiste* le plus intrépide n'aurait eu garde d'en avancer autant. Vous voulez donc faire une révolution radicale dans l'anatomie, aussi bien que dans la littérature et les sciences ? Les cœurs sur les poitrines ! Décidément, M. le Baron, vous êtes à la hauteur du médecin de Molière, de cet excellent Sganarelle qui logeait le foie du côté gauche, et le cœur du côté droit. J'ai envie de faire contre vous un vaudeville intitulé, *le Philosophe malgré lui*. Seulement je sais fort bien que les princes d'outre-Rhin, n'ont point employé les coups de bâton pour vous envoyer faire au milieu de nous votre propagande brahmanico-cosaco-politico-religieuse. Vous vous en acquittez à merveille * ; les sourds entendront, les muets parleront. Et croyez-moi, si quelque mauvais plaisant s'avisait de vous chicaner au sujet des cœurs que vous placez sur les poitrines, répondez-lui gravement comme Sganarelle : — Les *panthéistes*, les *progressistes* et les *humanitaires*, mettent les « cœurs dans les poitrines, et j'avoue qu'autre- » fois il en était ainsi; mais j'ai changé tout cela. » C'était un grand homme que Sganarelle, M. le Baron. Vous êtes plus grand que lui de trois coudées.

Vous posez en principe (page 117) « que ce qu'il y a de mieux dans » la parole, c'est ce que la parole ne peut exprimer. » En d'autres termes, la parole n'est pas la parole. Je me prosterne devant la prodigieuse profondeur de cette pensée, Vous en avez beaucoup d'autres non moins admirables, à la suite desquelles on pourrait mettre la phrase suivante, que je trouve à la page 340 de votre livre : — « Quand je dis cela, » ce n'est pas exactement ce que je veux dire, c'est cela et ce n'est » pas cela, c'est quelque chose.... » Ce n'est rien, M. le Baron. Mais ce n'est point cela, et voilà ce que c'est. Je parle comme nos soldats. Et M. le Baron d'Eckstein irait d'un ton pédant reprocher à MM. tels et tels, les bigarrures de leur style ?

* Les chancelleries pourraient bien être d'un avis contraire. Le roi de Hollande a coutume de dire : grand poète, mauvais diplomate. Il a destitué dans le temps un favori qui avait eu la malheureuse idée de lui adresser une ode à la louange de ses vertus royales. M. le Baron d'Eckstein trouvera grâce auprès du poétique roi de Bavière, que sa métromanie a rendu ridicule dans toute l'Europe. Une de ses tragédies avait été sifflée à outrance dans une petite ville de l'Allemagne ; les spectateurs ignoraient le nom de l'auteur, qui se fit connaître pour la représentation suivante. La pièce fut applaudie avec accompagnement et salves de pétards. Ce prince, qui rappelle le bon René de Provence, est bègue et passe pour le meilleur orateur du Nord. Jugez des autres !

V.

De la vie de M. le Baron d'Eckstein, et de sa conversion miraculeuse au catholicisme.

Un morceau de votre livre, curieux dans son genre, est celui où vous nous racontez votre jeunesse, M. le Baron. A votre place J.-J. Rousseau se serait contenté de dire simplement : Je suis né à Genève. Et sans quitter ce ton naturel, le style du grand écrivain se serait animé par degrés, pour retracer le charme des souvenirs enfantins et la magie des premières impressions. Mais cette simplicité d'allure qui fait la perfection de l'art et n'exclut en aucune façon le prestige du coloris poétique, n'est point votre fait. Il ne vous suffit même pas de mettre un habit brodé, et de vous asseoir raide dans un fauteuil, pour écrire l'épée au côté, comme Buffon. Vous montez à cheval, vous grimpez sur les chameaux, vous enfourchez « les éléphans du royaume » de Candie : » — « Grandi sous les ombres (les ombres !) de la vieille » forêt des chênes séculaires de l'île de Séland ; en extase.... plongé » et abîmé dans la contemplation,.... incliné ,.... etc. » Bientôt au terme d'une jeunesse passée « dans le bonheur absolu d'une sauvage » indépendance » (pourquoi pas aussi bien, dans l'indépendance absolue d'un bonheur sauvage ?) quand vous fûtes las de voir « la lune se » lever sur le dôme des cieux pour s'éclipser dans les rayons de l'au- » rore » (!!!) vous fûtes transporté « dans la chambre de braves et » bons piétistes ». Ah ! M. le Baron, quelle chute ! comme vous tombez des hauteurs de la lune et du dôme des cieux, dans cette prosaïque chambre ! Finalement qu'est-ce qu'on y faisait ? « On prétendait cher- » cher l'Esprit-Saint, on pointillait sur chaque virgule. » Occupation fort innocente, mais je crois qu'il vous était plus facile de chercher le Saint-Esprit que de le trouver, sur chaque virgule. Aucuns, et c'étaient les plus sages, riaient sous cape et ne disaient mot. Ne disaient-ils rien, noble Baron ? — « Ils se renfermaient dans la religion du silence. » Quel noble style !

Sorti de la chambre de ces bons et braves piétistes, vous fûtes confié aux soins d'un digne pasteur de l'église luthérienne orthodoxe, qui bien éloigné de chercher le Saint-Esprit, y croyait à peine. En ce temps-là « Jésus vous paraissait ridicule comme philanthrope. » Cet aveu prouve que nos jeunes *humanitaires* comprennent mieux que vous ne l'avez jamais fait la déité de l'Homme-Christ et la sublimité de son dévouement. Vous étiez alors « superstitieux à l'excès *. » Toutes les nuits vous descendiez au cimetière « dans le vain espoir de voir s'ouvrir quelque » sépulcre ». Les universités de l'Allemagne devaient vous ravir cette foi robuste aux apparitions extra-naturelles. Long-temps dupe du charlatanisme des Rose-Croix et d'un autre Dousterwivel qui vous imposait des macérations, tout en vous soutirant vos écus, vous finites par tomber malade de corps et d'esprit. Alors les voyages.

Vous allâtes à Rome. Pour quiconque a étudié dans cette narration succinte, les prédispositions de votre âme « énormément » impressionnable, il est évident que vous ne pouviez manquer d'y devenir ferme croyant et parfait catholique. C'est effectivement ce qui vous arriva. Mais on se douterait difficilement du sentiment qui détermina votre conversion par trop singulière. Ce fut la tyrannie de Napoléon et

* M. le Baron d'Eckstein dit quelque autre part que les peuples du Nord sont excessivement superstitieux. Cette faiblesse d'esprit est surtout héréditaire dans les familles royales ; le sang impérial de Russie communique à ses membres des deux sexes un génie à la fois sombre et puéril. Pour comprendre la fièvre morale qui affecte les princes russes, il faut se représenter les luttes féroces que la rivalité du pouvoir occasione entre eux, et fait ressembler cette dynastie barbare à la première race des Visigoths et des Mérovingiens. Tous les Czars périssent d'une fin tragique, l'un poignardé, l'autre noyé, celui-ci empalé, celui-là étouffé entre deux matelas. Le peuple ignore la plupart du temps ces crimes consommés dans la profondeur des palais, et vénère ses maîtres à l'égal des Dieux. La voix secrète du remords et l'ivresse d'un pouvoir sans limites, jointes à une éducation absurde, rendent les princes moscovites entreprenans, cruels et superstitieux. — « Mon Dieu, disait la princesse Na***, favorite d'A***, à une » dame française, il faut convenir que les animaux ont un instinct prodigieux, et que » la nature entière s'intéresse aux destinées de la Russie. L'Empereur est un grand au» gure, et n'y a jamais été trompé. Lors de la guerre avec Napoléon, s'il rencontrait un » troupeau de moutons venant à lui la tête haute, il présageait une victoire ; un échec « si les moutons baissaient le cou. Mais quands ils fuyaient en lui tournant le dos, c'était » l'annonce infaillible d'une déroute complète. L'Empereur était alors au désespoir ; il » refusait de manger, de dormir, et même de parler jusqu'à l'arrivée des courriers, qui » ne manquaient jamais de confirmer la nouvelle du désastre de nos braves. »

l'indignation que vous éprouvâtes de voir enlever le vieux Pape par ordre du conquérant ! Vous avez raison de dire, M. le Baron, que vous êtes entré dans l'Eglise romaine par une autre porte que le commun des fidèles.

Vos opinions religieuses méritent un chapitre à part. En attendant, permettez-moi de vous dire sans détour qu'un noble Sélandais, parvenu comme vous à l'âge mûr, après tant de bizarres impressions, capables de fausser l'âme la plus énergique et l'intelligence la mieux née, devrait se montrer un peu moins tranchant, et ne point affecter la domination des esprits, après avoir été lui-même le jouet des plus folles erreurs. Moins qu'à tout autre, M. le Baron, il vous est permis de railler notre jeune littérature qui prendra vos sarcasmes en pitié. Les orages politiques de la France et de l'Espagne valent mieux pour former des hommes que les clairs de lune et les spectres de la vieille forêt du Séland.

VI.

De la conviction profonde de M. le Baron d'Eckstein.

Savez-vous ce qui m'a frappé le plus dès les premières pages de votre livre, M. le Baron? C'est que vous nous y parlez tout d'abord de votre conviction profonde; conviction que vous aviez besoin, dites-vous, de proclamer sur les toits; conviction, fruit de votre expérience personnelle, de vos études, voyages, etc. En général, les hommes qui font trop de fracas de leur probité ressemblent presque à des fripons; les écrivains qui font grand bruit de leur conviction n'en ont guère. Caïn poursuivi par les remords de sa conscience et craignant que le sceau du crime imprimé sur son front ne fût visible à tous les yeux, disait à chaque instant : « Je n'étais point chargé de garder mon frère; « je n'ai point tué Abel. » Plus d'un enfant gourmet s'est lui-même trahi pour avoir caché ses doigts en disant : « Je n'ai point touché aux

« confitures. » Faites sonner un peu moins haut vos convictions, M. le Baron, et nous y croirons peut-être. Sans cela vous nous ferez penser involontairement à l'hôte de *Guzman d'Alfarache* qui lui servait à table une pièce de mulet apprêtée en guise de veau, et qui, sans attendre d'être soupçonné, jurait par tous les saints et saintes de l'Espagne qu'il était le plus honnête aubergiste et le cuisinier le plus consciencieux des treize royaumes.

Au surplus, le lecteur ne doit point ignorer en quoi consiste votre conviction profonde. Hélas! hélas! c'est que les maximes de tous les différens partis nous mènent « à la mort », au lieu que celles de M. le Baron d'Eckstein nous conduisaient tout droit à la vie éternelle! — Vous nous apprenez quelle opinion doit triompher en définitive : « La « plus modeste, la moins bruyante de toutes les opinions. » Ce n'est point à coup sûr la vôtre. « Celle dont chacun a besoin, et qui se rencon» tre avec la beauté éternelle, avec la beauté de l'âme dans ce monde et » dans l'autre. » Vous faites un délicieux apôtre, M. le Baron.

La fin de votre *Introduction* nous revèle que vous avez dû vous faire violence pour mettre votre livre au jour. Mais que devient alors l'ardente conviction de votre préface, que vous aviez besoin de proclamer sur les toits? J'ai tort, sans doute, et vous n'entendiez parler que du travail de la composition. Mais encore ici, comment se fait-il que vous présentez ce travail « comme un remède énergique destiné à soulager » votre esprit de quelques-unes de ses préoccupations? » Tant de gens se persuadent que le bonheur de l'espèce humaine est votre idée fixe, et que vous n'avez point sur la terre d'autres soucis! L'accouchement de votre livre a donc été bien laborieux? Je conçois que vous auriez pensé avec plus de facilité, et écrit mieux et plus vite, en vous servant de tout autre langue que la langue française; je conçois aussi que le correcteur officieux de votre manuscrit a dû se donner quelque peine pour lécher ce petit ours. Ce que je ne comprends point, c'est que des Welches qui seraient incapables d'écrire en français une seule phrase correctement, aient la manie de venir inonder notre littérature et abâtardir notre goût par des publications excentriques dont le nombre va tous les jours croissant. Ces Messieurs doivent être bien pénétrés de la sublimité de leur merveilleux génie, ou ils ont quelque grand intérêt à propager leurs idées parmi nous. Le noble Baron d'Eckstein aurait-il prévu la réflexion que je viens de faire, lorsqu'il nous dit qu'il est enfant du siècle, et qu'il a voulu payer son tribut au siècle? Rien de plus louable ; mais il a tort d'appeler son livre une petite monnaie. — « Dieu sait » que parmi cette monnaie je n'ai pas volontairement glissé de pièces » fausses ! »

Encore des protestations de bonne foi ! Vous n'y pensez donc pas, M. le Baron? Et qui diable, jusqu'ici, vous soupçonne d'être un faux monnayeur? Qui vous accuse? Quelle terreur intime et secrète vous fait recourir à toutes ces précautions oratoires ? L'autorité de votre parole n'est-elle point assez affermie ? La noblesse de votre caractère, la loyauté de votre génie, l'indépendance de votre esprit trouveraient-ils des incrédules ? Pourquoi prendre ainsi les devans? Pourquoi donner l'éveil aux soupçons? Comme les démons des anciens Scandinaves, caché derrière une vapeur fantastique, enveloppé de nuages impénétrables, vous êtes-vous fait un jeu de nous défier et de nous dire : Qui suis-je ? Regardez-moi ! Ce serait de votre part une présomption bien folle. L'œil des voyans s'était à peine reposé sur vous que vous étiez devenu transparent comme un verre. Vous n'avez point glissé volontairement de pièces fausses dans votre monnaie? Il nous est permis d'en douter, puisque vous le dites. Dans tous les cas, l'important pour nous est de savoir si votre or, votre argent et votre billon sont de monnaie française, ayant cours. Ne vous flattez point de nous payer en monnaie russe et de nous faire prendre vos polouchkas pour des centimes ou un kopechk pour quatre liards. Nous savons compter. C'est peut-être pour cela que vous n'aimez point les mathématiques.

VII.

Ce que doit être une grande vérité pour être vraie, dans le temps où nous vivons, *secundum d'Eckstein.*

Vous commencez votre *préface* par nous dire que l'*introduction* de votre livre s'explique par la *conclusion*, « la colère par le dévouement. » Vous en êtes à peine à votre septième ligne, que vous avez soin de prémunir le lecteur contre l'impression fâcheuse que pourraient produire sur lui les bouffées de votre éloquence. Vous avez hâte de sanctifier la fureur de vos déclamations et l'âcreté de votre style par la pureté de vos intentions. Si colère il y a, c'est une colère de dévouement. Je suis fort éloigné d'élever des doutes sur la sincérité de ce dévouement ; il me suffit de savoir que la liberté, la nationalité et la gloire de la France n'y ont pas la plus légère part. Dès lors votre dévouement pour les princes d'outre-Rhin ne saurait excuser à nos yeux l'ardente colère que vous inspire la marche de notre état social. J'ai réduit à leur juste valeur les précautions oratoires par lesquelles vous espériez passionner en votre faveur le public, sans vous douter que le Français, né malin, est difficilement dupe d'un enthousiasme factice et d'un patelinage insidieux. Vous ne négligez rien pour donner le change aux lecteurs ingénus, et pour prévenir le jugement fâcheux qu'ils ne manqueraient point de porter contre vous, si vous n'aviez soin de leur mettre un bandeau sur les yeux. Vous débutez par fausser dans leur esprit les notions du simple bon sens : vous cherchez à leur persuader qu'une chose vraie est celle qui n'en a pas l'air, de crainte qu'ils ne prennent votre livre pour ce qu'il est, c'est-à-dire pour un tissu de mensonges. Il est curieux de vous suivre dans les détours que vous prenez la peine de faire, afin de cacher le but auquel vous tendez par des contre-marches savantes. Parlez. « Dussé-je être seul de mon » avis au milieu de mes contemporains..... » Héroïque Baron ! qui veut bien se résoudre à être le seul de son avis, sans autre ambition que de dire la vérité aux hommes ! Qui n'admirerait un si beau dévouement ! Eh bien ! que direz-vous, au risque d'être le seul de votre avis, noble martyr d'une conviction profonde ? « Je dirai que » toute grande vérité, pour être vraie.... » Nous y voilà déjà. Vous êtes comme Figaro, qui reconnaissait des vérités fausses, des vérités vraies, et des vérités plus vraies. « Que toute vérité, pour être vraie » dans le temps où nous vivons..... » Au diable les sophistes qui ne veulent point reconnaître que toute vérité, et surtout une grande vérité, est vraie en tout temps, en dépit des faussaires qui font tous leurs efforts pour l'obscurcir. Enfin, que doit être une grande vérité, pour être vraie dans le temps où nous vivons ? Lecteur français, je vous le donne en cent, je vous le donne en mille. Vous ne devinez pas, vous jetez votre langue aux chiens. Sachez de M. le Baron d'Eckstein que « toute grande vérité, pour être vraie dans le temps « où nous vivons, doit nécessairement être un paradoxe », c'est-à-dire qu'elle doit être véhémentement soupçonnée d'être fausse, échapper à toute certitude, et ressembler à un mensonge ingénieux, comme un œuf ressemble à un œuf, et M. le Baron d'Eckstein à lui-même. Croyez cela, lecteur, de peur que le noble écrivain ne reste seul de son avis, en France. Et attendu que son livre vous paraîtra paradoxal et louche d'un bout à l'autre, il vous sera démontré que ce même livre, quand on l'examine sans y regarder de trop près, est un astre lumineux, un soleil de vérité pour notre siècle.

VIII.

Du profond mépris de M. le Baron d'Eckstein pour le « qu'en dira-t-on. »

Le lecteur se moquerait autant de moi que de vous, M. le Baron, si je perdais mon temps à vous prouver que la vérité ne saurait jamais être un paradoxe, et que l'art et la science ne sont point, comme vous le prétendez, « essentiellement paradoxaux. » Il est des sophismes qui ne méritent point une réfutation sérieuse ; les vôtres n'ont d'autre but que de préparer l'esprit du lecteur à l'étrangeté de vos doctrines politiques et à des conclusions qu'un Français ne peut admettre, sans devenir traître à son pays. Malgré toutes vos précautions, toutes vos démarches, et les sûretés que vous vous étiez habilement ménagées de fort loin pour fasciner quelques organes de la presse quotidienne, enchaîner les autres, et demander à chacun sa part de louanges, sans avoir à craindre d'attaque sérieuse, vous avez compris que votre livre pourrait bien soulever contre vous l'opinion française. La portion vraiment éclairée du public renferme des milliers d'hommes doués d'un tact sûr, d'une raison supérieure et d'une rare perspicacité. Vous avez prévu leur désapprobation, et vous vous êtes mis au-dessus de l'opinion, en affectant une grande liberté d'esprit, et un dédain systématique pour le « qu'en dira-t-on ». Voici l'une de vos maximes, exprimée dans ce style bizarre dont vous seul possédez le secret : « Qu'est-ce que le vent des opinions ? Rien ». Je vous accorde que la puissance du sabre ou du knout est plus immédiate que celle de la pensée ; mais le règne de l'intelligence n'est-il point préférable à celui de la force brutale ? Vous exaltez la liberté d'esprit au-dessus des vertus théologales, et vous voulez la pousser jusqu'au mépris de l'estime publique. Cette abnégation vicieuse est ordinairement l'apanage d'une classe d'hommes que je m'abstiens de qualifier. Là dessus, vous vous faites une question des plus singulières. « Y a-t-il de la liberté chez cet homme qui trouve » du bon sens à celui qui le loue, et de la stupidité à celui qui le » blâme ? » Cela dépend. — Règle générale : tout homme étant naturellement enclin à bien juger de lui-même, à croire que ce qu'il pense est bien pensé, ce qu'il dit bien dit, ce qu'il fait bien fait, doit, en partant de cette donnée, apprécier les jugemens d'autrui conformément à ses principes. Il trouvera par conséquent du bon sens à celui qui le loue, s'il regarde ses paroles et ses actions comme dignes de louange ou de gloire. Par la même raison, il jugera défavorablement celui qui le désapprouve. Rien que de naturel et de logique en cela.

Pour vous, M. le Baron, qui ne ressemblez en rien au vulgaire des hommes, et qui faites de la liberté d'esprit votre pain quotidien, vous devez, au rebours, « trouver du bon sens à celui qui vous » blâme, et de la stupidité à celui qui vous loue. » Je ne dis point que vous ayez tort d'en agir ainsi ; mais j'en tire de fâcheux présages contre votre loyauté personnelle. Les toute-puissances de la presse parisienne se sont mises en frais pour vanter le talent d'écrivain dont vous feriez sans doute preuve, s'il vous plaisait d'enrichir notre littérature de ces ballades danoises que vous aimez tant. Vous devez trouver peu de bon sens à nos Aristarques des journaux, quand ils recommandent votre livre au public, comme un modèle de poésie et de beau style. Savent-ils bien que vous seriez incapable de jeter sur le papier une phrase française un peu correcte, et que vos périodes ronflantes portent la trace d'une main charitable, qui s'est vainement efforcée d'en rectifier la bizarre architecture à grand renfort de lime et de marteaux ? Oh ! de ces critiques aveugles moquez-vous fort, M. le Baron !

D'honnêtes ecclésiastiques vous regardent comme l'un des amis du catholicisme, et vous riez en secret de leur bonhommie. Vous avez pitié de leur peu de clairvoyance, et vous faites fi de leurs éloges, qui pourtant vous ont élevé au-dessus de tant d'autres écrivains mieux intentionnés. J'accorde qu'ils sont peu clairvoyans, voire même stupides; mais je vous plains, M. le Baron, d'avoir acquis le droit de rire d'eux secrètement, en toute liberté d'esprit. La *Gazette de France* répond avec mesure, avec noblesse aux attaques insolentes que vous avez dirigées contre elle; elle vous traite avec respect, parce qu'elle voit encore en vous un champion de la religion universelle. Libre à vous d'éprouver pour elle un profond mépris, que, du reste, vous ne lui cachez guère. J'ignore vos antécédens politiques, M. le Baron, et je n'ai point l'honneur de vous connaître; mais, foi de *voyant*, la *Gazette de France* est douée d'une charité vraiment chrétienne, d'une mansuétude sublime, ou vos relations avec elle et son parti vous ont donné des armes terribles, puisque vous déposez hardiment le masque, et foulant aux pieds vos bons amis, vos anciens alliés, vous osez prêcher, à la face de l'Europe, votre évangile d'outre-Rhin.

IX.

De la liberté d'esprit, selon M. le Baron d'Eckstein.

Votre définition de la liberté me paraît singulièrement alambiquée et subtile, M. le Baron. Cette liberté d'esprit que vos yeux perçans ne peuvent découvrir « sous la robe du docteur ou du professeur » ni dans la cervelle de nos ministres et de nos pontifes, que peut-elle avoir de commun avec la liberté de la pensée, et l'exercice du droit politique qui constituent la loi de l'homme, dans la société vraie, dans la République harmonieuse? Votre liberté d'esprit ne sera comprise que chez les brahmes indous, qui aiment à s'absorber dans la contemplation divine et dont l'âme superbe plane toujours dans le troisième ciel pour laisser tomber des regards dédaigneux sur les choses de la terre.

Vous ne seriez pas éloigné de nous prêcher que la liberté de l'homme consiste dans le stoïcisme le plus exagéré ; que la persécution des tyrans, le travail le plus rude, la misère la plus dévorante, l'oppression cruelle, les douleurs aigües, et le mépris encore plus poignant, ne sont que des maux passagers auxquels il serait indigne d'un homme libre, d'accorder une larme, un soupir. Vous exigez une abnégation parfaite ; et l'homme fût-il courbé jusqu'à terre, sanglant et meurtri sous d'intolérables chaînes, vous lui chanterez à l'oreille qu'il ne tient qu'à lui d'être libre « par » la liberté d'esprit ». Là dessus vous vous écriez, avec un enthousiasme hypocrite : « divine liberté ! toi dont le bras puissant élève l'humanité en triomphe, toi qui l'exaltes au-dessus de sa passagère infortune, toi qui la fais noblement asseoir aux banquets des Dieux ! » Où donc es-tu cachée ? Dussiez-vous l'apporter en Occident, pour en doter notre siècle, je doute que la génération actuelle se montrât bien reconnaissante de ce beau cadeau ; ce n'est point ainsi que nous avons juré d'être libres.

Je n'ignore point que votre théorie de la liberté d'esprit, empruntée au servilisme de la superstition orientale, a des conséquences graves en politique. Le plus grand reproche que le catholicisme ait lui-même encouru, lui vient d'avoir faussé sur ce point la raison des peuples. Sachez-le bien, seigneur Baron, toutes les puissances vitales de notre époque tendent à la réalisation du bonheur terrestre par la liberté positive, la richesse et le loisir ; et nous ne sommes point gens à subir sans nécessité une infortune, même passagère, qui n'aurait d'autre compensation que votre liberté d'esprit et les joies futures du paradis, soit chrétien, soit brahmanique.

Mais voyez jusqu'à quel point vos emprunts de la morale orientale, dont vous n'osez généraliser l'intention, vous conduisent à l'absurde, quand vous essayez d'en faire une application détournée. « Liberté, » divine liberté ! où donc es-tu cachée ? Te tiendrais-tu ensevelie sous » la robe du docteur ou du professeur ». Pourquoi pas, aussi bien que sous la perruque de M. le Baron d'Eckstein ? « Ecoute donc le savant homme ». Sommes nous condamnés sur terre à n'écouter que le savant M. d'Eckstein ? « Comme il est occupé ! » Voyez un peu le mal qu'un professeur soit occupé ! « sa science est son gagne-pain. » Rien de plus juste, selon moi. Le prêtre vit des dons de l'autel et le professeur du fruit de ses lumières. Il est naturel que la société lui donne du pain en échange de son dévouement. « C'est sa vanité, son orgueil! » Tant de gens qui ne sont pas professeurs sont tellement gonflés de vanité, bouffis d'orgueil, malgré la petite dose de leur mérite, qu'il ne faut pas trop en vouloir au pauvre homme s'il a conçu une idée trop favorable de son talent. Que n'admirait-il plutôt le Baron d'Eckstein? « Avec sa science » il se croit un grand homme! » Quel insolent, qui ose se permettre de posséder une science quelconque, et de vouloir être grand à côté de M. le Baron! « Il ne voit plus rien avec les deux bons yeux que Dieu » lui a naturellement plantés dans la tête! » — Si les yeux que Dieu lui a naturellement plantés dans la tête sont bons comme vous le dites, il doit y voir bien et clair. Vous finissez par conclure que son rayon visuel est essentiellement faussé « et il croit à son indépendance! » Certainement qu'il y croit. Vous le taxez d'erreur, faudra-t-il conclure qu'il se trompe infailliblement? Je supposerais volontiers le contraire, et de ce qu'un homme, ami d'ailleurs de la vérité, se tromperait avec candeur, s'en suit-il qu'il manque de liberté d'esprit, d'indépendance? Mille fois non. Je connais certain auteur dont le livre n'est qu'un tissu de pauvretés historiques, politiques, religieuses et littéraires; en est-il pour cela plus modeste, plus défiant sur ses fausses lumières? Non certes, et jamais la grenouille de la fable, jamais sauterelle pécore, née dans les sombres et humides forêts du Séland, ne s'est plus gonflée sur un peu d'herbe, croyant remplir le monde entier de son auguste et sublime personne.

II.

ESPAGNE ET FRANCE.

X.

De l'habileté de M. le Baron d'Eckstein, dans le grand art de diriger les esprits.

Je vous demande pardon, M. le Baron, si les paragraphes qui viennent de vous ennuyer respirent une certaine négligence. Je les ai écrits pour essayer mes plumes et pour me mettre en verve. Je n'ai pu toutefois m'empêcher d'effleurer les principales cordes que je me propose de faire vibrer avec force. Je souhaite que ces accords sans liaison, ces faibles préludes jetés au caprice du vent n'aient point trop choqué vos nobles oreilles.

Afin de placer mon lecteur au point de vue le plus favorable pour saisir les questions que nous allons débattre, et pour le mettre à même de bien apprécier les intentions et la portée de votre livre, je vais hasarder une supposition qui n'a rien de déraisonnable. Napoléon a prédit que la France se trouverait placée dans l'alternative de devenir républicaine ou tartare. Vous-même, vous insinuez, avec les précautions les plus délicates, que la Russie peut devenir « menaçante dans un certain avenir. » A côté des Jacobins, vous nous montrez les Cosaques. Entre ces deux possibilités politiques, la démagogie parisienne et la conquête d'invasion, j'admets un instant la dernière. Vingt ans à peine sont écoulés depuis le jour où les Cosaques ont galopé pour la première fois dans les rues de Paris. De pareils souvenirs, de si graves événemens exercent une influence fatale sur les destinées des peuples. Les révolutions sociales amènent tant de catastrophes imprévues que les faits accomplis ont quelque chance de se reproduire de nouveau *. Devant

* La grande prostituée met ses habits de fête pour recevoir les Barbares. Le cortége des rois coalisés défile le long des boulevards parisiens avec les mille tribus sauvages du Nord, représentées par l'élite de leurs guerriers. Le Czar fait son entrée aux Tuileries, où les députations diverses se prosternent devant le nouvel Alexandre. Les traîtres, les lâches, les insensés, vantent sa politesse et ses manières che-

cette supposition pénible pour un cœur français, pour un cœur méridional, je me demande quelquefois : Par quels moyens le despote du Nord, qui aspire à étendre par les armes la domination de la race slave, et à relever dans Paris et dans Constantinople les deux empires d'Orient et d'Occident, pourrait-il préparer cette révolution hémisphérique, avant de déchaîner sur le Midi ses millions de Barbares?

En réponse à cette question, il me serait facile d'indiquer une foule de moyens efficaces dont la Russie n'a pas négligé le moindre. Je ne dois point omettre le principal. Les Tartares, frappés du pouvoir souverain que la pensée exerce dans une ère de civilisation, ont aspiré à la suprématie de l'intelligence. Ils ont essayé de fonder parmi nous le règne de l'esprit, avant de nous imposer la tyrannie du sabre. Mais les sophistes qui nous ont été dépêchés par les chancelleries de la Sainte-Alliance, ont dû arborer nos couleurs, invoquer nos sympathies et parler, autant que possible, notre langue, pour infiltrer dans les esprits les maximes qu'ils étaient officiellement chargés de préconiser. Je trouve qu'en peu d'années ils ont fait beaucoup de chemin. Ils ont bien mérité de leurs princes et gagné consciencieusement leurs salaires et leurs pensions. Mais ils ont beau se déguiser, l'œil des voyans les aperçoit à toutes les avenues de la presse, dans la science, dans la politique, dans les arts et jusque dans les romans. L'anarchie de notre *Babel* et l'incurie de nos journalistes, parmi lesquels vous trouverez cent écrivains ingénieux et spirituels pour un seul homme d'état, enfin la puissance de l'or, que les traîtres savent employer avec succès, leur ont donné la plus grande facilité de se glisser inaperçus dans la foule, de choisir leurs positions et de s'y maintenir en variant leurs rôles avec une audace et une habileté surprenantes *.

valeresques. Le peuple s'attroupe à tous les coins de rue pour lire sur les murs des proclamations tracées par la main d'un sophiste sur les genoux d'une courtisane, et dignes du céleste empire. La nuit vient, l'orgie commence. Les prétoriens du nouveau tyran se rangent, le sabre à la main, devant le temple de l'art français; l'Opéra prépare ses pompes les plus brillantes, ses féeries les plus grandioses, pour enchanter l'oreille et les yeux des Huns et des Scythes; les accens d'une musique ravissante préludent à la danse des bayadères; enfin, au moment où se lève le rideau, magique pour dévoiler les trompeuses merveilles de la scène, le sublime Czar entre dans sa loge, salué par les acclamations du parterre. *Hourra! vive l'Empereur!* Ce sera l'arrêt de mort de la vieille France.

* Une foule de nos jeunes littérateurs sont prêts à rendre témoignage que les émis-

Beaucoup de lecteurs ont applaudi aux recherches philologiques du savant K***. Savent-ils quelle tache a flétri sa mémoire et de quelle pensée politique il était le mercenaire caché? Et vous, M. le Baron, oseriez-vous nier qu'il existe aujourd'hui dans Paris une phalange nombreuse d'écrivains anti-français dont vous êtes le coriphée?

Et ici je ne parle point de tel journaliste qui met sa plume aux gages de Guillaume ou de Bernadotte, pour repousser les attaques qu'une trop rude franchise dirigerait contre eux, ou pour préparer leur candidature au premier trône vacant, celui de France par exemple *. Non; les traîtres que je signale ont une mission plus haute et plus cachée. Ils ont bien d'autres échos dans les profondeurs de notre société. La faveur officielle de la diplomatie étrangère concourt efficacement à propager dans la classe aristocratique et dans notre clergé le prestige de leur influence. Ces ennemis de la nationalité française, je les dénoncerai hardiment quelque jour; j'écrirai leurs noms en toutes lettres, et, ma liste à la main, j'escaladerai les toits où vous proclamez vos convictions pour la montrer à la France. Vous pourriez bien ce jour là tomber du haut des gouttières, M. le Baron.

En attendant, je rends hommage à la profonde astuce que vous avez déployée à diriger nos esprits vers le but constant de vos efforts. Allez, M. le Baron, si les princes dont vous êtes parmi nous le missionnaire n'entendent rien au grand art « de diriger les esprits, de les impressionner », vous êtes en état de leur donner des leçons. Seulement je vous conseille de changer de tactique et de recommencer autre part vos souterrains; car pour cette fois vous êtes contre-miné. Vous êtes un vieux chat sauvage de la noire forêt du Séland; mais vous ne nous effrayez guère. Devenez farine, faites-vous sac, nous nous moquerons toujours de vos

saires de la Russie ont tenté de les séduire par de brillantes promesses. La plupart ont repoussé avec indignation leurs avances perfides. Des hommes haut placés par leur nom et leur fortune, sont à la tête de ce système d'embauchage, qui menace de ravir à la France plus d'un artiste renommé. Puisse la contagion ne pas gagner les hommes de lettres!

* On dit que Paris est l'Athènes de notre époque, comparaison vraie à bien des égards. Le *forum* de notre presse compte plus d'un sophiste rhéteur soldé par le grand roi. Ce qui nous manque, c'est un Démosthène capable d'exalter le peuple assemblé, par des accens prophétiques, et de faire résonner à l'oreille du sourd le bruit lointain des chaînes féodales que lui forgent les Barbares. Oh! si Berryer voulait!

griffes. Apprenez cela d'un jeune rat qui n'a point encore perdu sa queue à la bataille, et qui vous la fera, M. le Baron.

XI.

De l'aversion invétérée de M. le Baron d'Eckstein, pour la religion des vieilles bonnes femmes.

Si votre style est noble, comme votre personne, M. le Baron, votre religion ne l'est pas moins. Vous affichez un mépris souverain pour le culte des femmelettes « pour ce catholicisme » mis pour » ainsi dire dans du coton » pour les douceurs nauséabondes et » fades d'une religion qui met des gants pour parler au peuple et qui » fait passer du musc pour désinfecter l'atmosphère. » J'aime à vous entendre parler de la sorte. Je ris en pensant à la mine que feront les dévots de la *Gazette de France*, en lisant les complimens que vous leur prodiguez. Nul doute qu'à la porte du premier temple oriental que vous ferez bâtir en Europe, pour en devenir le pontife, vous placerez du chlore, au lieu du musc, qui infecte plutôt qu'il ne désinfecte. C'est fort bien. Vous donnez encore à vos alliés du catholicisme d'excellens avis ; mais je doute qu'ils soient disposés à les suivre. « Abstenez-vous des feuilles quotidiennes » ; c'est comme si vous leur disiez : « abstenez-vous de vingt mille livres de rente. » N'écrivassez pas et ne faites pas « écrivasser dans vos petits journaux. » Ils vous répondront probablement en vous conseillant de ne pas écrivasser dans de gros livres. « Ne faites pas la religion à tant la demie-aune ». Et vous, M. le Baron, ne faites pas de solécismes, s'il vous plait. « Ne luttez pas de science avec M. Arago. » Voilà sans contredit le plus sage et le meilleur de vos conseils ; mais il fera peu d'impression sur des hommes qui s'imaginent avoir la science infuse, parce qu'ils ont la foi. « Soyez modestes. » Vous prêchez en vain. « Il ne s'agit plus d'une dévotion puérile, de quelque trem-

» blement de vieille femme ». De quoi s'agit-il donc, M. le Baron, vous qui dans votre jeunesse vous prosterniez devant les chênes du Séland ; vous qui passiez les nuits d'été dans le cimetière, avec l'espoir de voir les morts danser sur leurs tombeaux; vous qui répétiez des ballades danoises « tandis que vos cheveux se dressaient » sur votre tête, et qu'une sueur froide coulait de tous vos membres?» De quoi s'agit-il? La question est embarrassante pour vous, M. le Baron. Vous n'auriez garde de formuler nettement votre *credo* religieux et politique; ce serait perdre d'un seul coup les sympathies d'une partie du clergé français que vous avez si soigneusement cultivées. Vous avez recours à votre expédient favori, qui consiste à vous lancer à perte de vue dans les plus nébuleuses régions du vague. Vous cherchez à étourdir vos lecteurs par le bruit de quelques noms glorieux : Keppler, le Dante, Michel-Ange, Gerson, Thomas Morus. M. de Genoude vous répondra : J'aime mieux la Bible et l'Evangile. M. de Genoude n'aura pas tort.

Si je me permets d'intervenir dans cette querelle, j'en ai quelque droit, M. le baron. Vous n'ignorez peut-être point que je suis l'un des écrivains, ou plutôt le seul écrivain qui depuis 1830 ait traité de Turc à Maure, comme vous le dites si bien, la superstition religieuse. J'ai eu le sensible plaisir de voir mettre à l'index, par Sa Sainteté le Pape, certaines brochures dont il est impossible que vous n'ayez entendu parler. La *Gazette de France* elle-même daigne me compter au nombre de ses ennemis, honneur dont je me rendrai plus digne encore par la suite. Toutes les fois que je m'avise de traiter les questions religieuses, elle repousse avec une sainte horreur jusqu'aux annonces payantes de mon libraire et se flatte de pouvoir ainsi m'affubler de l'éteignoir. Je ne saurais donc être suspecté de partialité pour ces journalistes de sacristie, comme on affecte de les appeler depuis quelque temps. Mais je ne puis non plus m'empêcher de voir en eux des concitoyens et des Français. S'il est vrai, comme j'aime à le croire, que nos écrivains catholiques ont rompu tout pacte avec l'étranger, je puis me rapprocher d'eux pour combattre l'ennemi de notre commune patrie. * S'il est vrai qu'ils font

* La Baronne de W*** disait récemment, aux eaux de Wiesbaden, à un voyageur espagnol : — « Le règne de L.-P*** tire à sa fin ; — et celui de H*** est près

aujourd'hui prédominer la question de la gloire et de la nationalité française sur toutes les questions de parti, je regarde comme un devoir impérieux de les éclairer sur votre compte. Je veux vous dénoncer au Pape lui-même, seigneur Baron, sauf à m'attirer vingt fois dans ma vie toutes les foudres du Vatican, lorsqu'il me prendra fantaisie d'ébranler jusque dans ses bases l'édifice du culte superstitieux. J'ai le bras assez fort pour le faire, et nul peut-être n'en est plus persuadé que vous; si ce n'est La Mennais, M. le Baron. Nous verrons beau jeu quand il s'agira de vos brahmes et de vos pagodes.

XII.

De la rivalité qui existe entre l'abbé Châtel et M. le Baron d'Eckstein.

M. le Baron, vous vous montrez toujours fidèle à votre tactique, en flattant toutes les rancunes de nos prêtres, pour les exploiter au profit de votre mission politico-religieuse. Quelle astuce ne mettez-vous point à leur dire : « Vous vous plaignez d'un abbé Châtel et » vous n'avez pas tort. » Voilà le bon ecclésiastique enchanté. Son ravissement augmente lorsque vous lui montrez l'impie Chatel « sifflant l'Esprit-Saint ». Il est à son comble lorsque vous lui dites

de commencer, sans doute? — Oh! pour cela, non! exclama l'Allemande. C'est un vrai fou, un Français dans la force du terme. Il ne vaut pas mieux que les d'O***. — Les Français dès lors, auront à choisir entre la république jacobine ou fédérative, dit l'Espagnol. — Vous n'y êtes pas, répliqua la Baronne, d'un air mystérieux : après L.-P*** on ne voudra plus de personne, et les républiques sont impossibles. — Dans ce cas, je suis au bout de mes conjectures; à moins de supposer que la France restera plongée dans une complète anarchie — La Russie viendrait à son secours, dit la fine diplomate. — Je n'en doute point réliqua l'Espagnol Reste à deviner quel gouvernement on lui destine. — On ne lui donnera pas précisément un roi; mais ce sera la même chose... — Je crois comprendre, dit l'Espagnol : la France deviendrait une province du grand empire? » La Baronne répondit par un sourire, et rompit l'entretien, en se levant.

dans votre style inimitable : « Mais comment l'abbé Châtel débite-» t-il ces platitudes, cette religion à vomir, tellement elle manque » de sel, de cœur et de substance ? » Comment ? vous avez soin de nous l'apprendre. « C'est qu'il fait croire au peuple qu'il se fait » peuple, qu'il s'intéresse au peuple. » C'est cela même. Châtel, qui n'est pas trop mauvais cuisinier, et qui connaît le goût français, le goût populaire, a compris qu'il devait relever l'insipidité de sa doctrine par un peu de patriotisme, assaisonnement qui sauvera le ragoût. C'est peut-être ce qui vous met en si belle indignation contre l'inoffensif primat des Gaules.

Je ne hante ni l'église française, ni aucune autre église quelconque, M. le Baron. L'écrivain qui a menacé de la hache révolutionnaire les autels de Notre-Dame, ne s'arrêtera point devant la barraque de Châtel. Mais je comprends que le primat des Gaules reçoive des encouragemens. L'innovation qu'il a hasardée flatte les instincts de la nationalité française. Sa religion pourra trouver quelque jour place au budjet. Un grand citoyen a honoré de sa présence les cérémonies du culte naissant ; un grand poète lui a fait des hymnes. Tout cela promet. Malheureusement pour Châtel, les Français ne sont rien moins que bibliques. Un cocher de cabriolet disait, en revenant des vêpres gauloises, où il avait entendu la traduction de l'*In exitu Israël* : « Ce farceur, le primat des Gaules, va-» t-il pas vouloir nous faire croire comme çà que le peuple barbare » a passé la mer à pied sec quand les collines sautaient comme » les agneaux et les béliers comme des montagnes ? » Que diront nos cochers de cabriolet quand les prêtres indo-russes de M. le Baron d'Eckstein leur chanteront les saints *vedas* en langue tartare, à peu près comme on chante les ballades du Séland ?

XIII.

Du projet que M. le Baron d'Eckstein a formé de détrôner notre Saint-Père le Pape, et de se proclamer patriarche d'Occident à Rome, comme vicaire spirituel du Czar-Dieu Nicolas. Ainsi soit-il.

J'aime votre définition du sacerdoce, M. le Baron. « Qu'est-ce que le sacerdoce ? Tout ou rien. » M. Madrolle n'eût pas mieux dit. Seulement le sacerdoce que vous préconisez n'est pas le sacerdoce catholique. J'admire en vérité la duperie de nos prêtres, qui se sont faits les échos de vos doctrines, sans avoir soupçonné jusqu'ici que la réalisation de votre plan doit commencer par l'absorption du catholicisme romain dans une sorte de théocratie asiatique. Mais vous aurez beau encenser et dénigrer tour à tour nos prêtres ; vous aurez beau leur crier : « Soyez grands, soyez sublimes ! » dès qu'ils s'apercevront que le but de vos cajoleries et de vos réprimandes est de les métamorphoser en Brahmes, et de grouper leurs phalanges autour d'un conquérant ennemi, vous les verrez tous reculer de surprise et d'indignation. Ils voudraient bien qu'on les débarrasse des *progressistes*, des *panthéistes*, des *humanitaires* * ; mais non à ce prix. Vous n'obtiendrez d'eux ce marché que par trahison, et vous comptez infiniment trop sur leur crédule ignorance. Il vous en arrivera malheur ; je vous le prédis. Même je ne serais point éloigné de croire que nos

* M. le Baron d'Eckstein affecte, dans le même but, de honnir les saint-simoniens, quoique au fond il soit de leurs amis. Les industriels-sophistes, qui ont accepté le pontificat et la royauté d'Enfantin, deviendront l'instrument de tout despotisme qui ne dédaignera point de s'en servir. Les uns se sont enrôlés dans la presse ministérielle, qui a pour pâture les fonds secrets ; d'autres se sont faits Turcs et ont embrassé le mahométisme ; quelques-uns sont pensionnés à Constantinople par l'Empereur Nicolas, et font écho, de l'orient, à la propagande occidentale de M. le Baron d'Eckstein. Courage donc mes bons Français devenus Austro-Russes ; comptez sur les sympathies de M. H. H***, à Paris.

prêtres et nos journalistes catholiques se sont conduits à votre égard beaucoup plus habilement que je ne l'avais d'abord supposé. Ils ont pu jusqu'ici s'accommoder de votre coopération, comme de celle d'un instrument qui leur était momentanément utile ; gare qu'ils ne vous brisent avec fureur dès qu'ils se seront aperçus que vous devenez dangereux, et que vous faites mine d'éluder leur autorité pour déborder le catholicisme, à l'aide de théories indo-russes ! Nos Évêques sont gallicans. Ils ont rendu le joug du Pape plus léger sur leur tête, et ne sont guère disposés à reconnaître le pontificat de l'Empereur Nicolas ou celui du grand Lama. Le clergé catholique de France sera toujours rebelle à la transformation que vous voudriez lui faire subir. Il n'ignore point la destinée qui l'attend si les langues et les religions du nord-est du globe parviennent à s'établir dans nos contrées, à la suite d'une invasion guerrière.

Les princes du Nord repoussent le catholicisme, qui n'a point de racines dans l'émisphère boréal ; ils savent que le dogme chrétien mène, par la théocratie, à la démocratie pure, à la république universelle. Ils ne se résoudront jamais à suivre l'exemple de Clovis, et à courber leur tête pour recevoir le baptême des *Voyans*. L'invasion guerrière marchera cette fois avec sa religion toute faite, et son code infernal, dont le despotisme est le principe. Les Barbares aspirent à l'initiative de l'organisation sociale ; la forme brahmanique, tempérée par les idées de l'église orientale-grecque, se combinerait avec l'élément slave, russe ou moscovite, pour constituer un nouveau culte, qui voudrait se substituer au catholicisme romain, à peu près comme ce dernier avait remplacé l'ancien polythéïsme *.

* Un membre de la junte de Navarre, doué d'une remarquable justesse d'appréciation, puisée dans les traditions historiques, me disait : L'aveuglement des légitimistes français est inconcevable. La manière dont les puissances du Nord ont délaissé la branche aînée des Bourbons et don Carlos, est pourtant fort significative ; elle aurait dû leur dessiller les yeux. Les progrès de l'esprit révolutionnaire allarment ces loyaux défenseurs de la légitimité ; tandis que les princes du Nord se moquent, au fond, de la révolution, dont ils feront le prétexte d'une conquête générale après que la légitimité catholique et l'anarchie jacobine se seront porté mutuellement des coups mortels. La *Quotidienne* attribue à un imprudent oubli du devoir, à une fatale insouciance la politique des cabinets du Nord, dont elle n'a point encore sondé la profondeur et la perfidie. Elle a l'air d'ignorer qu'il n'y a rien de commun entre un légitimiste français et un impérialiste russe. Il est temps de reconnaître enfin

Le Pontife-Roi, le Czar-Dieu, qui donnerait sa loi au monde asservi, représenterait ainsi trois physionomies historiques, Julien, Attila, Sandragoutter. Il porterait dans sa main droite un sabre ensanglanté, et poserait sur son front les trois couronnes de la thiare papale ; il rétablirait sur le globe le règne des héros, des demi-dieux et des dieux. Ce rêve étrange, ce n'est point le Baron d'Eckstein qui l'a fait le premier ; ce n'est point le Baron d'Eckstein qui l'a soufflé à l'oreille de l'Empereur Nicolas, que l'ambition tient éveillé sur sa couche, où il reste armé toute la nuit, le Barbare. L'ivresse de la victoire l'avait inspiré jadis à Napoléon. Les princes étrangers qui ont fait tant d'emprunts à son système d'organisation civile et militaire, ont médité de réaliser son idée la plus gigantesque, en même temps que l'idée traditionnelle de la conquête du Midi, transmise aux Barbares par les Hunno-Goths, et par les Celto-Scythes, leurs ancêtres. Le Czar-Dieu Nicolas a choisi pour son précurseur le noble Baron d'Eckstein du Séland, lequel pourra devenir, en récompense de ses nombreux services, sinon Patriarche d'Alexandrie ou de Constantinople, Patriarche de Rome et d'Occident. En attendant, le Sélandais, pour mieux atteindre son but, s'est fait catholique romain ; non par conviction, mais bien « par politique. » L'aveu est précieux et peu adroit. Ah ! seigneur Baron, seigneur Baron, Nicolas singe

que les empires du septentrion ont séparé leur cause de celle des royautés catholiques du Midi. Que les légitimistes français y réfléchissent bien ! Ils possédent en richesse territoriale ou numérique les deux tiers de la valeur de la France. Avant un demi-siècle, le sol qu'ils occupent pourrait bien avoir changé de maîtres. Les Scythes modernes ne sont pas moins à craindre pour eux que les révolutionnaires. Les faibles liens de parenté qui unissent les restes de la féodalité française à la noblesse d'outre-Rhin, ne doivent point les rassurer. Les conquérans suivront des sentiers battus plus d'une fois dans le cours des siècles ; ils sauront bien se débarrasser des anciens propriétaires ; ils empêcheront les femmes d'hériter, et l'usurpation sera consommée. L'appui que les monarchies du Sud pourraient demander aux peuples du Nord, ressemblerait aux secours que les Goths accordèrent à l'empire romain lors de sa décadence : ils pénétrèrent dans les provinces romaines, sous prétexte de les défendre, et finirent par s'en emparer. Les chefs barbares détrônèrent bientôt les Empereurs ; les potentats du Nord se proposent d'en faire autant aux vieux Bourbons, sans distinction de branches. Les Navarrais, du haut des Pyrénées, ont vu deux fois l'invasion boréale couvrir la France et l'Espagne ; leur indépendance menacée en même temps que la civilisation et la liberté du Midi, les rend attentifs ; ils sont bons prophètes.

Bonaparte, et vous avez frappé à la porte de toutes les écoles de notre civilisation méridionale ; vous avez profité des leçons du diable boiteux, qui prétend que la parole a été inventée pour cacher la pensée. Vous avez adroitement masqué la vôtre ; les prêtres catholiques ne se défient point de vous, le Pape vous chérit, nos journalistes vous encensent, et les juges qui vous sont les plus défavorables vous regardent comme un idéologue bien intentionné, un honnête rêveur dont les lubies poétiques et mystiques prouvent de la science, du talent, et sont aussi respectables qu'inoffensives. Votre triomphe sera de courte durée.

XIV.

De quelle manière M. le Baron d'Eckstein adopte la révolution française dans tous ses résultats.

Vous ne pouvez nier, M. le Baron, que la France, avant la réaction du dix-huitième siècle, ne fut livrée aux « énormes abus » que vous reprochez dans votre livre au catholicisme espagnol. Il y avait alors en France, comme de nos jours en Espagne, des « apostoliques » ignares, entraînés par la fougue intempérée du fanatisme mona- » chique (tout autre que vous eût dit monacal) ». Comment donc se fait-il que vous vous joigniez aux sacristains de la *Gazette de France* pour conspuer le philosophisme du dix-huitième siècle ? Songez, s'il vous plaît, que l'état arriéré de la science historique et philologique, à cette époque, ne lui permettait qu'un rôle négatif, forcément dépouillé de toute initiative de création. Les philosophistes de l'école voltairienne frondèrent les abus invétérés. Ils dédaignaient comme vous la croyance et les « tremblemens des femmelettes, » et si l'œuvre de leur pensée fût une œuvre de ruine et de destruction, c'est que le Baron d'Eckstein était encore à naître, qu'ai-je dit, à grandir « sous les ombres de la vieille forêt des chênes séculaires de l'île » du Séland ! »

Vous adoptez, dites-vous, la révolution française dans tous ses résultats. Je vous trouve dès lors assez mauvaise grâce de blâmer les voies douloureuses qu'elle a dû suivre, les seules qui restaient ouvertes devant la vieille génération. Qui veut la fin, veut les moyens. Mais sans doute, cette fin que vous glorifiez, ces résultats dont vous paraissez enchanté, ne les adoptez-vous qu'avec une arrière pensée, et comme une préparation, un acheminement à la grande révolution occidentale que vous méditez en secret, et que d'autres préparent au bruit de vos déclamations politiques? Gare à vous, seigneur Baron; le bout d'oreille a percé.

Vous minez sourdement l'édifice du catholicisme, M. le Baron, en même temps que vous conspirez la ruine de toutes nos institutions politiques. Il est curieux de vous entendre déclamer en véritable énergumène contre « notre rage d'administration et de législation. » On dirait vraiment que vous tenez dans un coin de votre poche un état social modèle, sans administration et sans lois. Pourquoi ne pas dire tout de suite votre secret? pourquoi de si longs détours? pourquoi tant d'obscurité? Ah! vous craignez les huées, et vous n'avez pas tort. Contentez-vous provisoirement d'affirmer que « toute » notre politique, soi-disant constitutionnelle, démocratique, aristocratique, monarchique, représentative, carliste, philippiste, légitimiste, doctrinaire, etc., etc, n'est que de la scolastique pure, » et que toutes ces belles discussions n'ont avancé en rien le bonheur » du monde. » Vos livres, bien autrement mirifiques, nous préparent efficacement aux joies divines de la plus douce réalité; la réalité du sabre et du knout. Que nous promettriez-vous autre chose? N'avez-vous point dit que les hommes capables de fonder la liberté « par l'intelligence ou par le glaive, sont tous morts en France? » Ne dites-vous pas « que toute la poussière dont on encombre l'univers depuis » quarante ans, peut s'envoler au premier coup de fouet d'un con» quérant? » Autre bout d'oreille, beaucoup plus long que le premier!

XV.

De la différence qui existe entre Voltaire et tous les d'Eckstein passés, présens et futurs.

Un proverbe navarrais dit que les fourmis mangent le lion mort. Ainsi fait la *Gazette de France*, de Voltaire. Les attaques auxquelles sa gloire est en butte, sont cause que vous lui vouez momentanément un culte d'estime, ainsi qu'à J.-J. Rousseau, dont vous n'avez jamais admiré le caractère. « Oui, je me sens atteint dans Voltaire lui-même, » lorsque la dévotion hypocrite se mêle de le frapper. » Ce magnanime sentiment ne vous empêche point de dire ailleurs que Voltaire « fut » le plus souvent l'humble laquais de tout le monde. » Ailleurs encore, vous nous parlez de la « grande infection qu'exhale le dix-huitième » siècle rongé par les Voltaire et consorts, comme un cadavre est » rongé par les vers. » Vous poussez beaucoup trop loin la liberté d'esprit, seigneur Baron. La dévotion hypocrite de la *Gazette de France* n'a jamais frappé si lourdement la statue de notre plus illustre littérateur. Que sont auprès de ce grand homme tous les petits Barons qui nous viennent d'Allemagne ? Les Voltaire ! l'expression est par trop impertinente. Les d'Eckstein, à la bonne heure ; on peut les compter, on les connaît : ce sont des hommes à la *docena*, comme disent les Espagnols ; et si les érudits du Séland s'avisaient d'écorcher notre français pour nous étourdir de leurs palinodies, nous les compterions par centaines. Les Voltaire ! ! Vous êtes excessivement fat, M. le Baron.

XVI.

De l'admiration très prononcée de M. le Baron d'Eckstein pour quelques célébrités contemporaines.

Les hommes instruits ne manquent point en France. M. d'Eckstein veut bien nous faire cette concession. « Les hommes instruits surabon- » dent. » Ce qui nous manque, c'est l'âme d'un Bossuet, le cœur d'un Dante, le savoir d'un Keppler. « C'est l'association de la pensée » élevée et de la vie sublime ; » toutes choses dont notre siècle serait complétement déshérité, n'était M. le Baron, ce type resplendissant de toutes les perfections divines et humaines *. Et si M. le Baron invoque ici Bossuet, le Dante et Keppler, c'est uniquement pour se couvrir de ces noms glorieux. Irait-il évoquer sans cela de grandes ombres, qui reposent avec majesté sur l'horizon du passé ? Non, M. le Baron, vous n'avez point la simplicité de croire que le Bossuet, contemporain de Louis XIV, eût été le même homme au dix-neuvième siècle. Bossuet, de nos jours, eut été Berryer ou La Mennais. Mais, qu'est-ce que Savonarole ? et Berryer lui-même, l'orateur sublime, qu'est-il ? Dois-je le dire ? M. d'Eckstein ne voit en lui, et dans Dupin, Odilon-Barrot, Mauguin, et tant d'autres, qu'une tourbe « de maigres avocats. » Oh ! M. le Baron, je n'ai point l'honneur de vous connaître *de visu* ; je n'ai point été assez heureux pour contempler votre imposante personne. Je gage que vous devez être gras à lard, et rond comme un fromage du Séland. Je ne suis plus surpris qu'avec « vos convictions », vous restiez « momentané-

* Puisque M. le Baron d'Eckstein se donne la tâche de rabaisser toutes les gloires françaises, il est bon de noter que parmi les hommes d'état de l'Allemagne, un seul, le ministre de Prusse, Nagler, se distingue par un esprit supérieur et par une probité exemplaire. Quant à M***, N***, A***, la médiocrité de leur génie n'est point contestable, et l'attention publique n'est fixée sur eux que par la longue habitude où l'on est de les voir au gouvernement.

» ment isolé » ; ce à quoi « vous êtes résigné depuis longues années » (momentanément). Vous êtes un astre descendu des sphères supérieures , qui gravite sans rivaux dans le néant circulaire de notre France. Vous n'avez point ici-bas de satellites , et nos célébrités religieuses , politiques et littéraires ne sont que des feux follets , qui voltigent inaperçus dans votre tourbillon.

Aussi , comme vous les traitez nos brillans écrivains , nos riches poètes sans vous inquiéter si nul d'entre eux ne s'appelle point Châteaubriand , Delavigne , Lamartine ou Nodier ! Vous n'en faites pas plus de cas que n'en mérite M. Pichot. Et encore M. Pichot est-il un homme fort honorable et distingué , qui vous ferait expier méritoirement les insolences que vous dites à nos puissances littéraires, placées au sommet de l'échelle dont il occupe l'un des bas degrés.

Tout vous a paru vide dans notre France : le temple de Dieu , « l'enceinte de la cité , l'enceinte de l'école , le salon du grand » monde ; le théâtre est vide , la taverne est vide , le forum est vide , » tout est vide, si ce n'est vous, noble Baron , qui êtes plein d'un dévouement excentrique , et de la plus belle colère qui vous échappe en sueur par tous les pores. Courage , M. le Baron ; ne vous gênez pas ; daignez enfin « désillusionner les âmes honnêtes sur la valeur d'un grand nombre de nos contemporains. » N'êtes-vous point Micromégas ? Ne marchez-vous point sur les étoiles , le front ceint de comètes ? Chacun de vos pas géans n'embrasse-t-il point un espace de cinq mille lieues ? Prenez-moi donc enfin certains « hommes d'une plus ou » moins grande renommée ; » posez-les sur l'ongle de votre pouce , et gourmandez , comme il faut , ces infiniment petits « bateleurs » habiles , fabricans de phrases , judicieux charlatans , intrigans , » scapins du siècle avocassier et paperassier » , ainsi que vous appelez le nôtre ; célébrités qui occupaient hier les cent bouches de la renommée , et dont vous distribuez aujourd'hui les billets d'enterrement. J'aime à vous voir casser leurs ossemens les uns contre les autres , et jongler avec des crânes , comme le fossoyeur de Shakespeare. De la gaîté , noble Baron ! Chantez-nous quelques ballades danoises , et buvez frais. Vous ne craignez donc plus les ombres du cimetière ; vous ne redoutez plus l'apparition des spectres ; vous avez secoué le linceul des morts , et les terreurs qui logeaient dans ses plis funèbres , se sont envolées à vos rires joyeux , à vos chansons gaillardes ? Toutefois faites y attention, je vous en avertis ; les morts que vous avez enterrés peuvent ressusciter et vous jouer un mauvais tour. Mais non, vous les bravez, vous les défiez sans vergogne ; ils sont défunts et bien défunts, passés et trépassés. Qui doit mieux le savoir que vous ? N'est-ce point vous qui les avez tués ? Ne vous est-il point arrivé « très-souvent, dans le cours de votre vie, de leur faire l'aumône de » certaines pensées écrites ou non écrites, confiées confidentiellement » ou publiées sous diverses formes ? » Ils ont puisé à la source de vos inspirations ; ils ont bu de la mort aux rats, et ont crevé piteusement enflés comme un ballon, et dévorés d'une soif inextinguible. Je plains leur sort, M. le Baron, et je comprends votre triomphe.

XVII.

Comment M. le Baron d'Eckstein connaissait et connaît encore, aimait et aime encore le célèbre abbé de La Mennais.

S'il faut vous en croire, M. le Baron, voilà plusieurs années que les maximes des partis nous mènent à la mort. Pour un homme qui tient comme vous dans sa main des vérités dont le fruit doit être le salut du monde, je trouve que vous ne vous êtes guère empressé de venir au secours de notre société agonisante. J'expliquerai dans le chapitre suivant les motifs qui vous ont engagé à vous renfermer jusqu'ici « dans la » religion du silence » relativement aux affaires de l'Espagne. Je dois rechercher auparavant pourquoi vous êtes resté neutre et muet dans le grand débat que le manifeste éloquent de l'abbé de La Mennais avait fait naître il y a deux ans. Était-ce de votre part modestie, prudence, ou calcul ? Je ne perdrai point mon temps à m'égarer dans mille suppositions. Je ménagerai, suivant mon habitude, la patience du lecteur, en allant droit au but.

Qu'a fait l'abbé de La Mennais sous la restauration des Bourbons ?

Il a prêché l'ultramontanisme ; il a tenté de raffermir l'autel catholique sur les trônes catholiques ; il a voulu faire de la religion avec le Pape par la main des rois, tandis que Châteaubriand travaillait à raviver le christianisme à l'aide de la poésie. Mais en même temps qu'une réaction illusoire couvrait d'un vernis trompeur la surface de la société, une nouvelle explosion se préparait dans ses entrailles ; elle fut terrible, la France monarchique et religieuse de La Mennais et de Châteaubriand disparut le troisième jour ; la nation révolutionnaire arbora le nouvel étendard aux acclamations des peuples. Qui fut bien sot? Châteaubriand, La Mennais. La main du peuple avait abattu d'un seul revers l'échaffaudage laborieusement élevé pendant quinze années ; elle avait dispersé ses mille débris du haut des toits de l'archevêché. Le *Génie du Christianisme*, et l'*Essai sur l'indifférence en matière de religion*, tombèrent dans la Seine avec les livres de Mgr. de Quelen, et roulèrent, à demi-noyés, dans les eaux du fleuve jusqu'aux filets de Saint-Cloud. Ainsi les hommes et les idées se succèdent et s'écoulent dans le fleuve révolutionnaire et social.

Mais des hommes comme La Mennais et Châteaubriand ne donnent point leur démission à la première défaite ; ils ne renoncent que difficilement, et le plus tard possible, à l'honneur de présider aux destinées des peuples, et à la gloire qui est l'aliment des grandes âmes. Seulement ils apprécièrent mal leur position et celle de la France. Les éclairs de la foudre populaire les avaient frappés de trop près, leurs yeux d'aigle restèrent éblouis ou plutôt aveuglés. Ils se crurent au seuil d'une ère nouvelle, et, par une conversion brusque, dont un politique roué comme vous, M. le Baron, se serait bien préservé, Châteaubriand, un beau matin, se leva quasi-démocrate, et La Mennais rédigea le prospectus de l'*Avenir*.

Nul encore, à Paris, ne prévoyait l'agrandissement de la monarchie nouvelle que la prodigieuse habileté de son chef devait raffermir en brisant toutes les puissances insurrectionnelles que des convictions modérées, la frayeur d'une république ou les chaînes dorées de la faveur ne purent attacher à son char triomphal. Je me permets de croire que le nouveau monarque connaissant mieux que personne les causes actives de la révolution de juillet, s'inquiéta moins que tout autre de voir se tourner contre lui des instrumens devenus rebelles. Une succession d'heureux hasards devait l'aider à se dégager de la lutte dans laquelle il semblait devoir périr victime, dirai-je de son amour pour l'ordre ou de sa royale ambition? Bref, dans le court espace de cinq années, la vérité de notre gouvernement avait subi trois métamorphoses successives, dont la dernière écartait le principe révolutionnaire; aux émeutiers des faubourgs avaient succédé les assassins, et nous nous trouvions transportés comme par enchantement dans l'incroyable *sicut-erat* de la restauration. Qui fut penaud? le pauvre peuple et les chefs plus ou moins dévoués, plus ou moins habiles qui l'avaient conduit au combat. La chambre des Pairs et Carrel se regardaient avec une admiration réciproque. C'est étonnant, disait le journaliste aux vénérables. Moi, traduit à votre barre? Vous ne l'espériez guère en 1830! — Ma foi, non; ni vous non plus M. Carrel, répondirent leurs seigneuries? Le grand Ismen, caché derrière un rideau dans sa tribune royale, écoutait ce dialogue et souriait; La Mennais allait s'enfermer dans le château de la Chenaye, en criant de toute sa force : Qui l'eût dit? Qui l'eût dit? Vous peut-être, M. le Baron, car vous ne disiez rien encore.

Les hommes trop pressés peuvent repasser dans leur mémoire, en guise de consolation, les jours orageux qui suivirent dans Paris et dans l'Europe l'insurrection de juillet. La commotion fut électrique, et nous nous vîmes un instant sur le point de réaliser à coups de canon la Sainte-Alliance des peuples que Béranger avait exaltée dans ses chansons. La Pologne catholique élevait le drapeau de son indépendance; Lyon proclamait la république fédérative, et les portes de ses églises chrétiennes cachaient les lévites brûlant de les ouvrir au peuple vainqueur. Paris était rempli de bruits sourds, avant-courriers de l'ouragan politique. La Mennais tombe à genoux, fait sa prière, saisit son crucifix et s'élance au milieu de la place publique pour déclamer ses magnifiques *Paroles*; c'était beau!

J'ai défendu La Mennais du reproche de contradiction qu'on lui a adressé. Il n'y avait point de contradiction dans ses idées; mais bien un revirement politique. Il tendait toujours au même but, la théocratie; mais pour arriver à ses fins, il avait changé de moyens; il avait renoncé à l'alliance des Rois pour briguer celle du peuple. Dans tout autre pays que la France, La Mennais eût complétement réussi. Mais le Français, logique et raisonneur en diable, non moins que spirituel, ne s'en laisse jamais imposer par l'éclat d'une rare éloquence; tout écrivain qui donne le spectacle de ces grandes conversions calculées, dont chacun pénètre les motifs, est un homme perdu dans l'opinion. C'est ce qui venait d'arriver à La Mennais. Après avoir voulu restaurer le culte avec le Pape par la main des Rois, il prétendait désormais faire de la religion avec le peuple contre le Pape et les Rois. N'était-il point évident qu'il avait voulu profiter d'une crise qu'il s'imaginait devoir être décisive pour fonder, à l'aide du mouvement populaire, sa théocratie éternelle à peu près comme les Bourbons de la branche cadette venaient de fonder la monarchie de juillet ?

Le Français est Français et non pas Juif. De tous les gouvernemens possibles la république théocratique serait pour lui le régime social le plus insupportable, le plus odieux. Comment donc expliquer l'enthousiasme dont le journalisme parisien fut saisi à la lecture des *Paroles du Croyant?* Vous et moi, seigneur Baron, nous n'ignorons point que dans cette admiration pleinement justifiée par la merveilleuse beauté du style, il entrait un peu de malice contre l'auteur. En effet, le génie ardent et sombre de La Mennais et sa propagande fanatique avaient singulièrement humilié sous la restauration nos sophistes libéraux, pâles imitations du dix-huitième siècle; ils n'avaient pu signaler que par d'insipides articles de journaux le dépit amer avec lequel ils avaient vu tomber leurs plus chères idoles sous les coups du géant sacerdotal. *L'Essai sur l'Indifférence* était resté sans réplique de leur part, et tel de nos esprits forts avait entrevu la possibilité de rendre saintement son âme entre un confesseur et un sacristain, à la clarté de deux cierges. Mais avec les *Paroles du Croyant* l'illusion fut détruite, les trembleurs furent rassurés. La Mennais venait d'abjurer, en apparence, l'autorité de la tradition et la puissance de la foi qu'il avait divinisée dans ses précédens écrits; il venait de se prosterner devant l'individualisme de la pensée, et n'était plus qu'un sophiste. Je vous laisse à penser la joie de nos rhéteurs; ils prirent La Mennais sur leurs épaules, ils le portèrent en triomphe, et le mirent aux nues pour le montrer à l'Univers. Ils célébraient leur propre victoire, en l'accueillant au nombre de leurs pairs, sans lui reconnaître désormais d'autre supériorité que celle de son talent d'écrivain, dépouillé de la mystérieuse auréole qui lui donnait naguère un rayonnement si prestigieux. Le gros Lerminier dit, en se frottant les mains : L'illustre prêtre de la Bretagne marche avec moi. D'autres bavards prétendaient le faire marcher en sens inverse; de sorte que le grand homme, assourdi, harcelé, tiraillé par un essaim de disputeurs, et par dessus tout indigné de l'ambitieuse nullité de ces esprits anarchiques, les aurait volontiers frappés à la tête pour les faire taire ; mais il n'avait plus de sceptre. La lutte était presque devenue physique ; il se trouvait déjà vieux, faible et petit dans cette cohue ; il resta enseveli dans son triomphe, il fut anéanti.

Les *Paroles du Voyant* entrent aussi pour quelque chose dans le silence auquel le *Croyant* se condamne à notre grand et vif regret. Ce livre, que je m'étais efforcé de rendre obscur et que je laissai fort incomplet à dessein, n'avait d'autre but que d'apprendre à l'abbé de La Mennais une chose qu'il ignorait sans doute : c'est qu'en dehors de l'église romaine, une tradition particulière, rivale de la tradition chrétienne, plus ancienne et non moins inspirée, a conservé en Occident l'intelligence des symboles qui constituent le culte catholique. Il ne s'agissait plus entre nous du philosophisme railleur du dix-huitième siècle ; mais de la philosophie illuminatrice d'un siècle nouveau. La Mennais a compris que le duel serait périlleux ; il l'a refusé, comme son âge et sa gloire acquise lui en donnaient le droit. Le Galiléen des Pyrénées lui aurait défini ses dogmes, expliqué ses mystères, transfiguré ses symboles, pour faire de tous les élémens de son culte religieux la base d'une dogmatisation compréhensible et d'un enseignement rationnel. La Mennais lui-même venait de préparer les voies de l'école nouvelle en signalant le parallélisme du symbole catholique avec les grands faits révolutionnaires de l'humanité. Quelques pas de plus et j'aurais pu dire, sans être plus ridicule que M. Lerminier : La Mennais marche avec les *Voyans*.

Le théocrate fougueux qui n'avait embrassé la cause du peuple que pour le réconcilier avec le catholicisme, a dû renoncer à son programme politique, dès qu'il s'est aperçu que le moyen le plus prompt de hâter l'anéantissement final du culte religieux était de favoriser l'essor révolutionnaire, que des prédications mystiques ne pourront jamais dominer. Voilà, seigneur Baron, les véritables raisons pour lesquelles La Mennais se cache, ne parle plus, n'écrit plus ; et c'est en vain que vous le défiez en lui disant : ô Savonarole !

Le silence du grand homme semble vous avoir donné la hardiesse de parler et d'écrire. Il y a de l'insulte et de la dérision dans l'hypocrite emphase avec laquelle vous le provoquez au fond de sa solitude. « O Savonarole, où es-tu ? » Et vous, M. le Baron, où étiez-vous durant la chaleur de nos discussions politiques et religieuses ?

Vous attendiez prudemment l'issue du combat, pour aller solitaire compter les morts, et regarder vers tous les points de l'horizon s'il était encore temps de mettre votre milice en campagne. Votre maxime n'est-elle point qu'il vaut mieux se tenir à l'écart pendant que les partis sont aux prises ? Vous trouvez plus sage de vous présenter sur le champ de bataille quand la lassitude ou les chances de la guerre ont obligé à la retraite les ennemis que vous craignez de rencontrer. La mêlée a été rude, et je vous félicite de n'y avoir point exposé votre gravité brahmanique. La place de vos idées n'était point encore faite, votre temps n'était point encore venu. La Mennais voulait concilier le catholicisme avec la liberté ; vous ne prêchez la religion orientale que pour fonder la tyrannie. Votre thême social, rédigé dans les chancelleries du Nord, aurait appelé sur vous trop d'indignation, à cette époque de rêves exaltans où nous reprochions avec tant de force à La Mennais de vouloir nous imposer le joug sacerdotal. Il y a deux ans, vous auriez craint d'élever la voix pour nous menacer des tyrans que l'apôtre de la Bretagne maudissait avec fureur. Aujourd'hui que des lois sévères (je ne veux point les qualifier autrement), nous réduisent au silence, et que nous vous laissons le champ libre, vous vous précipitez dans le *forum* désert pour y débiter vos oracles ; vous appelez Savonarole. « Il existait le nouveau Savonarole, l'austère dominicain. » Il existait, il n'existe donc plus ? Voilà un fait qui vous comble de joie, et vous en prenez acte publiquement. « Nous l'avons tous connu, nous l'avons tous aimé. Nous le connaissons, nous l'aimons encore. » Vous connaissez l'homme que vous connaissiez ? C'est en vérité merveilleux. Vous l'aimiez et vous l'aimez encore ? C'est bien fait à vous ; mais c'est plus rare. Savonarole serait bien ingrat s'il ne vous payait du plus tendre retour. « Mais nous pleurons cette haute destinée. » Merci pour les larmes. « Cette destinée qui a subitement suspendu sa course. » Il va vous en arriver autant, M. le Baron. Je me charge de votre oraison funèbre. Nous répandrons sur votre tombe des fleurs cueillies dans le parterre de l'amitié et des larmes aussi sincères que les vôtres. Vous n'aurez point lieu d'être jaloux de Savonarole.

XVIII.

Pourquoi M. le Baron d'Eckstein prend la fédération des Basques sous sa protection et se range du côté des vainqueurs.

Vous êtes un chaud partisan de la nationalité basque, M. le Baron, et je vous saurais un gré infini de vos sympathies politiques pour des montagnards que je regarde comme mes compatriotes, si je n'y découvrais une de ces arrière-pensées qui inspirent toutes vos actions et dictent toutes vos paroles. Vous reconnaissez que ce serait un « crime exécrable, un infâme attentat de souiller par » l'attouchement d'une main profane, la vieille liberté basque et » navarraise, la liberté vierge du pays des montagnes. » Vous venez un peu tard, M. le Baron. Si les Basques eussent attendu votre livre pour l'opposer aux sophismes de leurs adversaires politiques et aux armées de la Castille, le crime que vous flétrissez aujourd'hui en termes énergiques serait consommé depuis deux ans. Ce que vous avez dit en 1836, aux applaudissemens de tous les cœurs généreux et de toute la presse éclairée, vous auriez dû le proclamer en 1834, devant ces haineux journalistes qui prêchaient la guerre d'extermination contre les dernières tribus de la race ibérienne. Oh! combien nous vous aurions su gré de quelques pages éloquentes lancées à propos, lorsque les hordes castillanes sillonnaient en tout sens les vallées de la Navarre et de la Cantabrie; lorsque l'étendard insurrectionnel comptait à peine autour de lui quelques centaines de héros commandés par un autre Lekobidi, par un autre Pélage, et que ma voix solitaire éclatait avec tant d'amertume dans la brochure du *Biskaïen**.

* M. L. Viardot daigna me servir d'écho le lendemain, et me prêter ses oreilles dans le *National*. On couperait celles des plagiares, si elles étaient bonnes à quelque chose; mais, pour Dieu, que veut-on que je fasse des oreilles de M. Viardot?

Les évènemens ont justifié les menaces prophétiques et le cri désespéré que je fis entendre au nom de quarante siècles de gloire, d'indépendance et de liberté. Le peuple indomptable se dresse aujourd'hui sanglant et victorieux au haut des Pyrenées occidentales ; les convulsions anarchiques de la Castille garantissent la durée du triomphe qu'il vient de remporter, et la menace d'une intervention française n'a eu d'autre effet que de redoubler son exaltation guerrière. Si les Basques avaient succombé dans la lutte contre la monarchie de Christine, vous auriez continué de garder le silence, et peut-être au fond du cœur vous vous seriez réjoui de la destruction de ce vaillant peuple. Je n'ignore pas qu'elles étaient à cet égard vos opinions ou celles des hommes qui rêvent avec vous l'intronisation d'un Czar européen et la fondation du céleste empire en Occident, avec accompagnement de douze cent mille bayonnettes. Ces insensés ne m'ont-ils pas dit : « Les Cantabres sont des anarchistes ; nous couperons à » la racine votre chêne de liberté ; nous ferons passer une grande » route sur la place même où s'élevait l'arbre antique de Guernika ! » Je répondais à ces menaces par les bulletins des victoires de Zuma-la-Carreguy ; j'invoquais les souvenirs de l'histoire. Comment les Castillans dégénérés auraient-ils pu réussir dans une conquête vainement essayée par les Romains, par les Visigoths, par les Francs et par les Maures au fort de leur puissance ? A mes yeux la royauté éphémère de Christine et ses tentatives d'agrandissement ne pouvaient inspirer de sérieuses inquiétudes à la liberté ibérienne qui a vaincu dans le cours des siècles des conquérans tels qu'Auguste, Sisebuth, Charlemagne, Almanzor et Napoléon. Un an s'était à peine écoulé depuis la publication de ma brochure, et je me trouvais au milieu de l'insurrection victorieuse ; et le grand homme qu'elle était fière d'avoir à sa tête, me confiait ses projets d'avenir sur le rocher de Lecumberry.

Pour vous, noble Baron du Séland, vous attendiez pour embrasser la cause des Basques que leur triomphe fût décidé sans retour. Quels sont vos droits pour venir féliciter les vainqueurs et les accabler de vos caresses ? Pourquoi chercher à leur imposer si tard votre protection oiseuse, sinon ridicule ? Pourquoi les serrer dans vos bras ? Ne serait-ce point pour les mieux étouffer ? Je suis tenté de le croire. Dans quel autre but viendriez-vous rendre un hommage si tardif à la vérité, aujourd'hui que les organes les plus avancés du journalisme parisien se trouvent réduits à caresser les tendances fédéralistes des populations pyrénéennes, sous peine de voir se fermer devant la révolution espagnole toutes les voies de l'avenir ? Ces démonstrations faites après coup ne viennent jamais que de la part des hommes astucieux et perfides qui se tiennent à l'écart pendant l'orage politique et attendent l'issue des événemens pour les exploiter au profit de leurs idées et de leurs intérêts.

Vous ne vous faites point illusion sur la portée réelle du mouvement pyrénéen. N'avez-vous pas dit que D. Carlos est « un hors-d'œuvre ? » D. Carlos ôté, que deviendra l'insurrection? Que fera-t-on de cette nationalité vivace qui ne veut transiger à aucun prix et jure de s'ensevelir héroïquement sous ses montagnes plutôt que de laisser porter la moindre atteinte à l'intégrité de son indépendance ? A quel souffle révolutionnaire les Basques livreront-ils leur drapeau ? Telles sont les questions que vous vous êtes adressées. L'idée d'une fédération espagnole vous cause de vives alarmes. Vous voudriez éteindre dans son foyer la flamme d'où peut naître un vaste incendie. Vous prévoyez que la fédération cantabrique et navarraise, rattachant à elle, comme autrefois, l'Aragon et la Catalogne, les Asturies et la Galice, se ferait des Pyrénées un rempart inexpugnable et deviendrait un obstacle sérieux à la conquête de la péninsule hispanique projetée par les Goths modernes. Vous vous êtes donné la tâche d'applanir les chemins de l'invasion, et vous avez pensé que le meilleur moyen de prévenir l'hostilité des tribus navarraises et cantabres, serait de leur faire accepter votre alliance, et de substituer au Prétendant actuel, un autre prince que vous n'avez point osé nommer. N'avez-vous donc point lu dans la préface du *Voyage en Navarre* que les Basques se préparent à repousser de leurs vallées les Tartares, comme leurs ancêtres avaient repoussé les Goths et les anciens Celtes ? Les Ibères écarteront avec mépris la main que vous leur tendez au nom des Barbares. Ils vous reprocheront à vous-même d'avoir « souillé par » un attouchement profane, la vieille liberté basque et navarraise, » la liberté vierge du pays des montagnes » lorsque falsifiant indignement l'histoire, vous vous êtes efforcé de confondre dans votre livre la féodalité gothe avec la fédération patriarcale de nos montagnards Euskariens.

XIX.

Des anciens et vertueux rois de la primitive Espagne, ressuscités par M. le Baron d'Eckstein.

J'ai fait une étude approfondie de l'histoire d'Espagne, et je me propose de l'écrire un jour, M. le Baron. J'ai feuilleté plus d'une vieille chronique. La plupart écrites par des moines sont empreintes d'un profond respect pour le droit divin des rois. Lorsque le cimeterre africain eut abattu la monarchie visigothique, sous Roderic, Pelage, Biskaïen d'origine *, éleva dans les Pyrénées occidentales le drapeau de l'indépendance. Il se mit à la tête des Basques, chassa les Maures des hautes Asturies et fut proclamé roi d'Oviédo, non pas roi de la Cantabrie, car les trois provinces euskariennes n'ont jamais voulu obéir à des Rois : *No tienen reyes, sino leyes* !

Jusqu'ici la plupart des historiens modernes, prêtres, moines, ou sophistes mendians de la royauté bourbonienne, nous ont présenté l'initiative de la régénération espagnole comme une inspiration de la monarchie d'Oviédo. Ils jettent le voile sur le rôle prédominant de la fédération cantabre. Ils évitent de dire que durant les trois siècles de la domination des Visigoths dans cette péninsule, les Asturiens, opprimés par les Barbares, avaient toujours aspiré vers l'indépendance. Ils passent sous silence les cruelles guerres de Suintila et de Sisebuth. Ce n'est point sans intention. Que veulent ces falsificateurs de l'histoire? Deux choses : effacer dans l'esprit des peuples l'idée d'une monarchie qui puiserait son droit dans l'élection, et nous montrer les royautés modernes de l'Espagne comme la continuation de l'empire visigothique. Il leur a suffi, pour cela, de faire Pélage cousin de Rodéric. C'était moins que rien pour ces grands maîtres de l'art héraldique, et ces fabricans

* Valera Guevarra, Saavedra, Carillo, André Lucas, Henao, Herrera, Etchaves Mendoza, etc., etc.

émérites de généalogies. Pourquoi Pélage ne serait-il point issu en droite ligne d'Alaric Ier, puisque le plus fécond de nos romanciers, M. de Balzac, en consultant son arbre généalogique, pourrait à la rigueur réclamer la couronne de France, comme héritier lointain de Clovis ?

Les chroniqueurs dont j'ai parlé ne se sont pas bornés à établir l'origine gothique du roi Pélage ; ils ont remonté jusqu'au grand Alaric, et sans s'inquiéter si le conquérant barbare avait reçu le jour sur le rivage de la Baltique, ou s'il avait grandi « sous les » ombres des chênes séculaires de la vieille forêt de l'île de Séland, » ils lui ont donné pour ancêtre le roi Espagne, Hispanus ; lequel Hispanus, quand vivait, portait une couronne de roses et un sceptre de jasmin, deux mille ans avant l'ère vulgaire. C'est écrit.

Mais vous, M. le Baron, qui vous targuez si haut de vos fortes et consciencieuses études, ne rougissez-vous point de vous faire l'écho de ces niaiseries indignes de la gravité de notre siècle ? Car enfin, que sont vos « anciens et vertueux rois de la primitive Espagne, » si ce n'est le prince Espagne, et ses devanciers Habis, Gargoris ? Je ne parle point de son légitime successeur, Géryon, dont les troupeaux furent enlevés par Hercule. Ce dernier n'est pas assez primitif, quoiqu'il appartienne à l'époque fabuleuse où régnaient sur la terre « les héros, » les rois et les dieux. »

Il est vraiment fâcheux que l'histoire grecque et latine soient là pour mettre obstacle à la continuation de ces belles généalogies ; sans cela, les chroniqueurs barbares n'auraient point manqué de transformer en ère monarchique les deux mille ans de fédération qui passèrent sur l'Espagne depuis les Phéniciens jusqu'aux Goths. Ils nous auraient entretenus des aventures du roi Viriathe ; et comme ce grand homme avait gardé les chèvres dans sa jeunesse, ils auraient fait remonter son origine au dieu Pan ou Span, lequel, au dire des archéologues, est le même que le roi Hispanus. Je connais des livres castillans, qui font de Sertorius un monarque. De Sertorius aux empereurs romains, la distance est bien rapprochée. Les successeurs les plus légitimes de ces empereurs sont, sans contredit, les rois francs, lombards, ostrogoths et visigoths, enfin Pélage, *y toda la caterva !* L'on ne peut se défendre d'une profonde pitié, quand on trouve ces balivernes au frontispice de cinquante histoires. Il n'y a pas encore deux siècles, que les chroniqueurs français faisaient descendre des héros troyens la famille mérovingienne. Ils racontent sérieusement comme quoi la ville de Paris a été fondée par le fils de Priam. C'est beaucoup plus poétique et plus flatteur pour nos dynasties, que de dire comment ces Barbares s'en vinrent de la Gothie hyperboréenne, couverts de peaux de loups, et les pieds nus *.

En fait de généalogies colossales, les chroniqueurs des bords de la Garonne méritent la palme sur tous les autres. Diriez-vous, M. le Baron, que ce petit Gascon de d'Armagnac, qui épousa publiquement sa propre sœur, se prétendait issu de Priam, par Caribert et Mérovée, du côté de son père, et d'Hercule par sa mère ; attendu, rapporte un vieil historien, que ce Dieu, traversant les Pyrénées pour aller planter

* Les tribus hyperboréennes, qui restèrent dans leur pays natal pour s'y multiplier de nouveau, ont végété dans une profonde barbarie pendant plus de mille ans. Les progrès que la science, les arts et l'industrie ont faits dans ces derniers siècles de l'autre côté du Rhin, sont dus à la civilisation hispano-française, que les Norwégiens ont eu le bon esprit d'imiter. — Rien de grotesque comme les mœurs allemandes, jusqu'à l'émigration française. Les plus nobles dames de la Germanie conservaient encore les traditions et les habitudes des anciens *paours* Goths et Saxons. La première fois que le Barbare conquérant vint apporter à sa compagne, pauvre et vêtue de peaux grossières, les riches étoffes que l'industrie des Maures prodiguait aux Visigoths d'Espagne, aux Ostrogoths d'Italie et aux Franko-Teutons de la Gaule, la femme du Nord essaya la brillante parure avec ravissement, et, prête à s'asseoir, retroussa jusqu'à la ceinture sa belle robe de soie brodée, crainte de la salir. La princesse Caroline, première femme de Maximilien de Saxe, le père de la grande duchesse de Toscane, se montrait risiblement fidèle à cet usage des dames autrichiennes qui, pour ménager leurs robes, ont soin de les relever fort haut et de s'asseoir sur leurs jupons. Au besoin, elles s'en couvrent la tête pour se garantir de la pluie ; ce capuchon improvisé fait ressembler plus d'une jolie châtelaine à la Virginie du langoureux et rustique abbé de Saint-Pierre. — Il y a trente ans à peine, l'on voyait, à l'Opéra italien de Dresde, les dames saxones, assises, la robe retroussée, tricotter des bas avec une telle activité que leurs doigts continuaient machinalement cet exercice dans les momens les plus pathétiques, qui arrachaient des torrens de larmes à leur noble sensibilité. Les actrices elles-mêmes, à l'imitation des dames de la cour, tricotaient sur la scène, et ne posaient leurs aiguilles et leur ouvrage que pour jouer le désespoir d'une amante délaissée ou d'une reine détrônée. — Le roi actuel de Prusse devint amoureux de la comtesse de H***, qu'il rencontra pour la première fois tricotant un bas, et se promenant, mélancolique et sentimentale, aux eaux de Tœplitz. Devenue princesse de Liegnitz, cette belle dame est accablée par l'ennui ; l'étiquette de la cour ne lui permettant plus de tricotter des bas. Le roi, gagné par ses prières, est, dit-on, sur le point d'abdiquer pour imiter l'exemple de je ne sais quel archiduc d'Autriche qui est meunier dans le Tyrol.

ses colonnes aux extrémités de l'Ibérie, avait couché une nuit avec l'héritière légitime d'un roitelet de la Gascogne primitive?

Vous comprendrez à merveille ce paradoxe, M. le Baron. C'est un moyen tout comme un autre de diriger et d'impressionner les esprits, surtout aux époques de crédule ignorance et de barbarie. Le bon vieux temps féodal, dont vous êtes le sophiste, peut encore renaître. Grâce à vos prédications et à vos homélies chevaleresques, l'heureux Nicolas peut encore trouver en France et en Espagne, aussi bien que dans le Nord « des âmes croyantes. » Donc, vite à l'œuvre, seigneur d'Eckstein. Prouvez-nous que le premier venu des Czarowits, que le débordement de la conquête porterait sur un trône espagnol, devrait être regardé comme la sainte image « des anciens et vertueux rois de la primitive » Espagne, » et comme le légitime successeur de Géryon, d'Hispanus, de Habis et de Gargoris; si mieux vous n'aimez Pantagruel et Gargantua. Je vous prédis un succès miraculeux.

XX.

Des Goths, Cagoths et Visigoths, que M. le Baron d'Eckstein trouve sublimes.

J'ai souvent réfléchi, M. le Baron, sur les institutions sociales qui subissent avec les siècles de singulières métamorphoses. Diriez-vous que le titre de Baron (varon), emprunté au patois celto-romain, se traduisait au moyen âge et se traduit encore de nos jours en Castille, par homme, vieillard, ou plutôt sage vieillard, sage homme? Tel est le sens que comporte son étymologie, et qui lui est attribué dans toutes les chartes et chroniques. Les varones de la montagne représentaient au moyen âge, en Navarre, les sénateurs et les vieillards de cette ancienne république. Je suis forcé de reconnaître qu'entre les agrestes varons montagnards, et vous, noble Baron d'Eckstein de l'île du Séland, il y a toute la distance qui sépare le rustique Ibérien du Goth sublime.

Le titre féodal de seigneur vient du mot latin *senior*, qui désigne l'homme âgé, le vieillard. Dans l'origine, le sénat romain (*senioratus*, et par syncope *senatus*) se composait de la réunion des anciens du peuple, antérieurement aux Rois. Il représentait le sénat des premiers Ibères, appelé *Bilzaar*, c'est-à-dire assemblée de vieillards. Or, de même que les Celtes conquérans avaient imité les institutions ibériennes pour les corrompre, les Goths envahisseurs empruntèrent à l'empire romain qu'ils venaient de détruire les divers élémens de leur état social. C'est un fait incontestable que les monarchies Barbares qui s'établirent au commencement de l'ère chrétienne sur les débris de l'empire romain, ne purent s'organiser qu'en empruntant à la civilisation latine jusqu'aux titres de leurs institutions féodales. Ceux d'entre les barbares qui avaient combattu à la solde sous les aigles romaines, avaient appris à cette grande école le peu de discipline militaire dont ils firent preuve dans leur conquête d'invasion. Chacune de leurs armées avait à sa tête un chef ou conducteur, un Roi, *rex*. Les hordes ou tribus guerrières étaient commandées par des Ducs ou généraux, *duces*. Après les Ducs venaient les Comtes ou compagnons, *comites*. Les Connétables eux-mêmes ne furent dans l'origine que des comtes ou compagnons d'écurie, *comites-stabuli*. Veuillez, seigneur Baron d'Eckstein, nous apprendre quel rapport il peut exister entre ces dénominations latines et le génie sublime de vos Goths?

Les dignités militaires introduites chez les Barbares furent investies d'attributions civiles, après que les conquérans se virent établis définitivement dans les provinces de l'empire. La féodalité visigothe, composée de Seigneurs, Magnats et Palatins, se divisait en plusieurs classes, dont les titres particuliers variaient suivant la nature de leurs fonctions et de leur pouvoir. En première ligne, après le Roi, se trouvaient les Ducs qui gouvernaient un duché ou province, avec la disposition presque absolue des troupes et des finances. Les Comtes étaient subdivisés en deux classes : les premiers remplissaient à la cour divers emplois, les seconds administraient la justice dans un diocèse ou dans une ville. Ces derniers avaient des assesseurs ou lieutenans, de qui relevaient immédiatement les magistrats municipaux. Enfin venaient les gardingues ou capitaines des châteaux royaux, et les thinphades ou commandans de la milice, sous lesquels étaient placés les titulaires des grades moins importans, appelés, comme dans l'armée romaine, *millenarii*, *quinge-*

narii, centenarii, denarii, suivant le nombre d'hommes qu'ils commandaient.

La population espagnole était divisée en deux classes inférieures; savoir: les vassaux, fiscaliens, ou fermiers royaux, qui étaient libres, comme appartenant à la race gothe; et les serfs, qui étaient traités suivant les lois de la guerre, et dont la condition était la même que celle des esclaves romains. Le nombre des serfs était considérable et se composait des débris de la population vaincue. Ils étaient la propriété soit des Goths fiscaliens, soit des Seigneurs, Magnats ou Palatins, qui pouvaient les égorger sur leurs terres, ou les vendre comme un bétail en place publique.

Les Goths firent leur première entrée en Espagne vers l'année 411, à la suite des Alains, des Suèves, des Silinges et des Vandales. Ils en furent expulsés en 711 par les Arabes-Maures ou Sarrasins d'Afrique. L'établissement des Goths commença par des massacres, et se termina par une orgie. Leur domination fut accompagnée de pestes et d'horribles famines. Le peuple gémissait écrasé sous le joug féodal, les campagnes restaient sans culture. Les Barbares sont peints dans les chroniques comme des hommes sales, infects, ignorans et cruels *. Cent soixante ans s'étaient écoulés depuis leur entrée en Espagne, et leur génie, que M. le Baron d'Eckstein appelle sublime, ne s'était encore signalé que par des ravages et par la destruction de tous les monumens des arts. — Au bout de cent soixante ans, ils n'avaient point encore de lois écrites. Cent quarante ans après, les Arabes-Maures avaient chassé, soumis ou exterminé les Barbares, dans le court espace de dix-huit mois!

* Les Scythes modernes n'ont guère changé sur ce point; ils ont surtout conservé le penchant pour l'ivrognerie et la voracité proverbiale de leurs ancêtres. Les restaurans du Palais-Royal seront à coup sûr regardés, par le Grand Duc M***, comme la partie la plus précieuse de la conquête de Paris; à moins que quelque forte indigestion ne prive inopinément la terre de ce futur Alexandre. Le prince a chargé, dit-on, un de ses officiers de se tenir à table auprès de lui, pour l'avertir toutes les fois qu'il pourrait se laisser entraîner aux excès de la bonne chère; c'est-à-dire 365 fois dans l'année. Le général Blücher était un vrai loup pour la cruauté et la gloutonnerie; il avait recommandé à sa ménagère de mettre un frein à son intempérance; la matrone s'acquittait par fois assez rudement de ce soin; car on l'a surprise une fois donnant la savate au vieux général, que l'ivresse rendait incapable de se mettre à l'abri de la correction. O Barbares!

La violence, le rapt, le meurtre, l'adultère et l'inceste, s'assirent sur le trône avec les Rois visigoths. Durant le siècle qui fut témoin de la décadence de leur empire éphémère, les vices des grands, la misère du peuple, et la dépravation de tous furent à leur comble. Les églises et les couvens devinrent des lieux publics de prostitution. Les chroniqueurs qui avaient entrepris d'écrire les annales de la monarchie abandonnèrent leur tâche, afin d'épargner à la postérité le hideux tableau de ces mœurs abominables. C'est ainsi du moins que les historiens espagnols plus modernes, expliquent l'obscurité profonde qui enveloppe les règnes d'Ervige, d'Egica et de Rodéric.

Un revers du cimeterre africain purgea sans retour l'Espagne de la horde gothique. Dix-huit mois à peine s'étaient écoulés depuis le débarquement de Tarik-Ebn-Nokaïr, que l'étendard de l'Islamisme flottait sur la rive méridionale de l'Ebre ; les Cantabres arboraient le drapeau fédéral de leurs provinces, avec cet exergue ibérien : *Irurakbat*, les trois n'en font qu'une ; Pélage s'avançait dans les Asturies, et les Navarrais, campés sur leurs frontières, voyaient en frémissant les Maures prendre possession de l'Aragon.

XIX.

Des libérateurs de l'Espagne, et de quelques aberrations historiques de M. le Baron d'Eckstein.

Je m'aperçois, M. le Baron, que vous voulez, à toute force, nous présenter l'Aragon comme un pays modèle « où la forte trempe de » l'antique Ibère vient se marier puissamment au génie sublime du » Goth; » ailleurs, vous faites de l'Aragon « le berceau principal des mâles » institutions de la vieille Espagne. » Sans doute, vous aurez reconnu que les Asturies n'étaient point une position tenable. Vous avez pris le parti de vous retrancher dans l'Aragon. Quant à la Navarre et aux provinces basques, vous passez sur elles, comme sur des charbons ardens. C'est à peine si vous les effleurez pour parler du « génie basque ou ibérien. » Le peu que vous en dites suffit à l'acquit de votre conscience, qui ne doit point être scrupuleuse. Vous avez hâte de vous camper en Aragon, et vous vous dressez sur ses rochers pittoresques, comme un guerrier scandinave armé de pied en cap.

Les Aragonais, selon vous, sont « la plus fière expression de la nationalité ibérienne. » Vous feignez d'ignorer que leurs lois, leur langue et leurs mœurs n'ont rien de primitif et d'ibérique. Ce que vous avez à cœur, c'est d'effacer jusqu'au souvenir des institutions républicaines que les véritables Ibères de nos Pyrénées ont reçues de leurs ancêtres, et de montrer toujours sur l'horizon de l'Espagne, à vos lecteurs de France et d'outre-Rhin, les images féodales de l'Empire visigoth; sans cesse vous nous parlez de « l'Aragon demeuré » vierge du contact de l'étranger, semblable à ces eaux des hautes » montagnes qui sont froides comme l'acier, saines au cœur, et qui » animent les courages parce qu'elles proviennent du contact de la nue » et du rocher. »

Si je voulais perdre mon temps à crever vos bulles de savon, je vous dirais que votre comparaison prétentieuse est ridicule, attendu que l'eau de la nue et du rocher, en d'autres termes, l'eau de pluie, n'est pas potable et donne la colique; et puis, qu'est-ce qu'une comparaison dans laquelle deux expressions identiques reçoivent un sens contradictoire? Un peuple vierge du contact étranger, semblable à l'eau de pluie, qui est en contact avec le rocher et la nue! Je n'en finirais pas si je voulais relever les singularités de votre pensée illogique, et de votre style bigarré. J'aime mieux signaler vos aberrations historiques, plus ou moins volontaires.

En quel lieu, s'il vous plait, avez-vous découvert que l'Aragon soit resté vierge du contact de l'étranger? Et dans ce cas, comment expliquez-vous que « le génie sublime du Goth s'y mêle puissamment à la forte » trempe de l'antique Ibère? » Voudriez-vous nous persuader que les Goths sublimes n'étaient point étrangers à l'Espagne? Espérez-vous nous faire accroire que les Vandales étaient le peuple primitif d'Hispanus ou de Gargoris? L'Aragon resté vierge du contact de l'étranger? Comptez-vous pour rien la conquête des Maures, qui se sont maintenus dans cette province pendant trois siècles, et n'en ont été complétement expulsés que beaucoup plus tard, avec le secours des Navarrais?

Ouvrez les *Annales d'Aragon*, par le grave Zurita, dont vous faites l'éloge. Voyez comme, dès la première page, le rigide historien se moque de vos anciens et vertueux Rois de la primitive Espagne! Comme il raille les fables relatives au Roi Gargoris, les aventures de son neveu Habis, *y la sucesion de aquel reyno!* Le véridique montagnard, après avoir parlé de la domination des Romains, arrive droit à l'invasion des Maures, en observant qu'elle fut encore plus désastreuse que celle des Alains, des Suèves, des Vandales et des Goths. Pensez-vous que la réflexion de l'historien prouve une grande sympathie pour la sublimité des hordes gothiques? Zurita enterre dans une seule phrase la monarchie de Rodéric, *y toda aquella grandeza de los Godos*. Il parle toujours des Goths et des Maures, comme de deux nations étrangères à l'Espagne et aux Aragonais. Décrit-il la marche des Sarrasins vers les Pyrénées? Il leur ouvre les portes de Saragosse et désigne les peuplades qui reçurent le joug des Infidèles. N'ayez peur que Zurita fasse traverser aux Musulmans des comtés et des baronies gothiques; il invoque partout les souvenirs de l'Espagne romaine ou fédéraliste et ses anciens peuples, Orétains, Contestans, Carpetains et Celtibères. Quant à l'Aragon, ou plutôt à la Jacétanie et à ces vallées de Sobrarve et de Ribagorce, où vous nous dites que « battait le cœur de l'Espagne au sein des rochers, » où vous nous montrez tant de « cœurs indomptables qui se dressaient » en boulevard, » Zurita nous apprend que toute la contrée fut envahie par les Maures, jusqu'aux sites les moins accessibles, *hasta lo mas aspero!*

Il est important de remarquer qu'à cette époque les vallées de Sobrarve et de Ribagorce se rattachaient, comme le pays de Jacca, à la fédération générale des Basques. Moret a prouvé que, dès le temps de Pline, les Jacétains étaient compris au nombre des tribus de la Vasconie ou Navarre, et qu'ils prirent part à toutes les incursions guerrières des montagnards contre les Visigoths. Les vallées de Sobrarve et de Ribagorce furent reconquises par Garcie-Eneko-Arista de Navarre, vers l'année 730, et firent partie du royaume de Pampelune pendant trois siècles.

J'ai peine à croire que vous soyez sur tous ces faits historiques aussi ignorant que vous affectez de le paraître, M. le Baron. Vous savez peut-être bien que les libérateurs des Aragonais, des Asturiens, et de l'Espagne, furent les Navarrais et les Basques ; pourquoi donc éviter de prononcer leur nom ? C'est que vous craignez la contagion de leur république; c'est que vous voulez donner aux Français et surtout aux Barbares d'outre-Rhin une fausse idée de la société ibérienne ; c'est que vous voulez exalter vos Goths envahisseurs aux dépens des populations pyrénéennes. Toute votre tactique, en ceci, consiste à cacher la Navarre sous l'Aragon, et l'Aragon lui-même derrière les Visigoths , au mépris de toute bonne foi et de toute véracité historique. Sur la question de savoir si les Jacetains-Aragonais veulent passer pour des Goths, vous ignorez probablement le profond dédain qui s'attache dans les Pyrénées à cette dénomination injurieuse de Goth; vous ignorez que les Gascons eux-mêmes, je ne parle point des Basques, donnent à vos Goths sublimes le nom de *Cas-goths*, ou chiens de Goths!

—

XXII.

De la charte de Sobrarve, en 724 ou 750.

Vous avez grand tort de chercher en Aragon « le berceau des mâles » institutions de la vieille Espagne, » M. le Baron. Le for de Sobrarve et de Pampelune , cette charte-modèle , appartient aux Navarrais. L'organisation de la monarchie navarraise , la consécration des Infançons , des Ricombres, des Cavers ou Chevaliers , l'institution des cortès et des Juntes sénatoriales , furent arrêtées traditionnellement sur un type ibérien-romain , sans le plus léger alliage de féodalité gothe.

Sachez en outre, M. le Baron , que la monarchie aragonaise est fille de la Navarre ; que le comté de Sobrarve et de Jacca fut érigé en royaume , en même temps que le comté de Castille , au XIe siècle , par Sanche III , le Grand , de Pampelune , Empereur et Roi ; que les royaumes d'Oviédo et de Léon firent partie de son héritage glorieux ;

que les Aragonais, en recevant de la main de Sanche-le-Grand, son fils naturel, le brave Ramire, qui devait les gouverner avec le titre de Roi, adoptèrent la charte de Sobrarve et de Pampelune, sous le nom de *for* de Jacca ; enfin qu'il n'y a point de la faute des Navarrais, si les Castillans ont abandonné leurs anciens *fueros* en pâture à l'absolutisme monarchique, et si les Aragonais se sont laissé ravir depuis long-temps, par les despotes de la Castille, leur indépendance nationale et leur *Justicia Mayor*. Apprenez surtout, M. le Baron, qu'il n'est pas bien d'ignorer toutes ces choses, quand on se mêle d'écrire des livres sur l'Espagne, et de se poser au haut des Pyrénées, comme l'oracle des temps écoulés et le dispensateur de la gloire des peuples.

La fédération cantabrique avait entrepris l'œuvre immense de la régénération espagnole, qui vit tomber trois dynasties arabes dans le cours de huit siècles ; les armées du roi de Navarre et les milices des républiques biskaïennes, unies aux troupes du roi d'Oviédo, faisaient aux Maures une guerre acharnée de l'autre côté de l'Ebre, tandis que toute la province d'Aragon, ou, pour parler plus exactement, toute la Jacetanie était encore au pouvoir des Musulmans. Car il est bon de vous le rebattre : la dénomination d'Aragon (empruntée au ruisseau Aragon), inconnue durant l'ère gothique et durant l'ère musulmane pendant le gouvernement des émirs, ne figure, pour la première fois, dans les chroniques pyrénéennes, que plusieurs siècles après, quand le sabre navarrais, ayant repoussé les Arabes-Maures, fit résurgir de sa tombe le peuple jacetain.

XXIV.

Des Infançons et des Ricombres de Navarre, qui se métamorphosent en Goths, sous la plume de M. le baron d'Eckstein. Cagot toi-même.

Il n'est sorte de détours que vous ne mettiez en usage, M. le Baron, pour laisser croire à vos lecteurs que les Infançons et les Ricombres n'appartiennent point à la Navarre. Vous les placez en Aragon, en Castille, en Portugal; mais de dire qu'il y eût en Navarre des Infançons et des Ricombres, trois, quatre et six cents ans avant leur admission en Aragon, en Castille et en Portugal, vous vous en donnerez bien de garde. Que deviendraient alors vos Goths sublimes? Vous laissez entendre, au contraire, que nos Ricombres furent un débris de la grandesse gothe, lorsque vous nous parlez des « *Ricos* de l'Aragon, » assis dans leurs propriétés héréditaires, suivant le droit gothique. »

Au reste, en fait de falsifications historiques, vous n'avez même pas le triste mérite de l'invention. Plusieurs siècles avant le noble baron d'Eckstein, les généalogistes avaient essayé de persuader aux Castillans que les *Ricos* leur venaient des anciens Goths. Ils en donnaient une preuve curieuse, qui ne manquera point de vous paraître convaincante; c'est que les noms de quelques rois visigoths se terminent en *ricus* ou *ric*, comme Evaric, Euthoric, Théodoric, Erméneric, Rodéric. Joinville se moque avec raison de cette définition absurde. Le roi Jean d'Angleterre, dans ses lois bayonnaises, traduit le nom de Ricombre, par homme riche ou riche-homme. Qu'est-ce que cette définition peut avoir de commun avec le droit féodal de la monarchie gothe?

Vous prétendez que les Infançons jouissaient des mêmes honneurs que les Ricombres. Rien de plus inexact. Les Infançons étaient des capitaines d'infanterie; leurs prérogatives consistaient à avoir droit d'entrée dans les Etats du royaume, et droit de présence à la cour du roi. Au premier signal du monarque, ils devaient prendre les armes et se ranger sous les drapeaux, ayant chacun dans son havresac du pain pour trois jours. Le roi était obligé de les défrayer les trois jours suivans, *et sequentes*, aux dépens du trésor national ou des caisses de l'ennemi, tant que durait la campagne. Voilà tout. Et pour mieux vous conter la chose en bon patois romance: « Les Infançons » au For ab lo Rey, que vayan ab el a bataïlla campal, o a son » castel, si se ly alcaro en sa terra. E cant assi, eran ab pan de III » dias! » avec du pain pour trois jours! J'ai quelque regret de détruire ainsi vos rêveries féodales; mais j'aime encore mieux la vérité, que les Goths sublimes de M. le baron d'Eckstein.

J'arrive maintenant aux Ricombres, que vous nous montrez assis dans leurs propriétés héréditaires, suivant le droit gothique. Je puis vous certifier, M. le baron, que les Ricombres de Navarre n'avaient guère le temps de rester assis, si ce n'est en selle, et qu'ils étaient beaucoup plus souvent à cheval que sur leurs propriétés territoriales, quand ils avaient des propriétés territoriales. Si les premiers rois de Pampelune leur concédèrent, à titre précaire, les revenus de quelques terres enlevées aux Maures, ce fut toujours faute d'argent, et en dédommagement de la solde qu'ils ne pouvaient leur payer. Nous lisons dans Prud. Sandoval, que le premier Ricombre vascon, de nomination royale, fut un écuyer de la Navarre cis-pyrénéenne, appelé Irigo Lan ou Larrea. Il fut élevé à cette dignité par le roi Garcie-Ericko, Arista Ier, vers l'année 754. Les Ricombres conduisaient à la guerre les cavers ou écuyers de Navarre (*Zalduuak*), dont la vaillance est passée en proverbe dans toute l'Espagne. Les marques distinctives de leur dignité consistaient dans une enseigne et dans un chaudron, marmite ou gamelle, emblême du devoir qui était imposé au Ricombre de faire subsister ses écuyers aux dépens de l'ennemi. Il n'y a jamais eu en Navarre plus de douze Ricombres à la fois, et ce grade militaire était à vie, personnel, et nullement transmissible à titre d'héritage.

Le savant jésuite Moret, le Tite-Live de la Navarre, dit dans ses Annales, que la Ricombrie fut long-temps conférée à vie, rarement et fort tard, à titre héréditaire : « Al principio por sola vida, pocas » veces, y y a tarde en juro de heredad. » Si tard en effet et si rarement, M. le baron, qu'il vous serait impossible de découvrir en Navarre un seul Ricombre héréditaire, depuis Garcie-Ericko, Arista Ier, qui fut proclamé en 750, jusqu'à Charles II, le Mauvais, qui mourut vers la fin du quatorzième siècle.

Charles II nomma trois Ricombres durant son règne, de Grammont en Soule, de Belzunce et de Luxe en Basse-Navarre. Il est à remarquer que ces trois nominations ne sont accompagnées d'aucune donation territoriale, mais seulement d'une rente viagère à percevoir sur quelque partie du domaine royal, ou sur le trésor du fisc. La lettre relative au souletin Arnauld Ramon de Grammont, porte cette restriction significative : « pour tant qu'il nous plaira, » Charles se réserve le droit de casser son Ricombre, et de lui supprimer sa rente. La nomination de Pierre de Luxe n'est pas moins décisive et mérite d'être citée. — « Charles, etc., considérant le bien, honneur, » prouesse, etc., de notre amé Pierre de Luxe, écuyer, etc., icelui

» avons fait, créé et ordonné, faisons, créons et ordonnons, par ces » présentes, Ricombre de notre royaume, aux profits, noblesses et » émolumens accoutumés de ancien. Et mandons à notre thrésorier de » Navarre qui ores est, et qui par temps sera, que audict Ricombre » paye et rende, chascun an, dores en avant ladicte Ricombrie. Et » nous donnons en mandement à nos amés et féaux gens de nos » comptes, que ce que il apperra être payé pour la cause dessus » dicte, ils alloent en leurs comptes, et rabattent de sa recepte. » Donné à Pampelune, le xxvie iour de juin 1350. »

Il n'est pas sans intérêt de dire que l'illustre famille de Luxembourg compte ce petit écuyer de Luxe, en Basse-Navarre, au nombre de ses plus glorieux ancêtres. Et face à face avec ledit Pierre, M. le Baron, je ne vous aurais point conseillé de lui dire, en grossissant la voix, qu'il était assis dans sa « Ricombrie héréditaire, suivant le droit » gothique. » Nul doute que, prenant cette phrase pour une raillerie et une insulte, il vous eût répondu : Cagot toi-même ! Qui sait même, si, dans le premier feu de sa colère, il ne vous eût point passé son épée au travers du corps ? Il en était bien capable le Ricombre !

Le roi de Castille, Alphonse-le-Sage, dit, avec beaucoup de bon sens, dans ses lois, au livre 6, titre 9, partie II. — « Il y a deux » manières d'être noble, par naissance et par bonté. Et bien que » l'origine illustre soit chose honorable, il y a quelque chose de » supérieur et de préférable, qui est la vertu. Quiconque les réunit » toutes les deux en sa personne, celui-là peut être réputé *Rico-ome* » avec justice. » Croyez-moi, M. le Baron, les Visigoths, qui n'ont légué à l'Espagne d'autre souvenir que celui de leur dure oppression, étaient animés d'un tout autre esprit que celui qui respire dans les sages maximes du roi Alphonse.

J'ai lu dans une chronique que le roi de Castille, ayant voulu créer un comte, se trouva fort embarrassé. Nul, dans sa cour, ne fut en état de lui dire ce que c'était qu'un comte, et comment il était d'usage de conférer cette dignité. Or, d'invoquer le souvenir des Goths et de rechercher si les Barbares avaient eu des comtes, et de quelle manière ils étaient nommés, eût été chose difficile, attendu que les Visigoths ne nous ont pas laissé une page écrite, et qu'il n'était plus question d'eux en Castille depuis quelque mille ans. Le maître-d'hôtel d'Alphonse vint à son secours. L'armée étant réunie et le peuple assemblé, le roi fit apporter un large gobelet rempli de vin blanc ; il prit une croûte de pain, trempa sa rôtie, but quelques gorgées de vin, et passa le tout à son favori, en lui disant : Je te fais Comte. Et la foule de répéter avec acclamation : Comte ! Comte ! Ainsi fut fait ; et je doute fort, M. le Baron, que la monarchie visigothe ait jamais offert un pareil spectacle.

XXV.

Pourquoi M. le Baron d'Eckstein a falsifié l'histoire d'Espagne.

Il est bien d'enrichir ses écrits d'aperçus historiques, M. le Baron ; mais ce ne doit jamais être aux dépens de la vérité. Vos lecteurs d'outre-Rhin ont la permission d'ignorer le contenu de nos chroniques ; votre livre, auquel ils accorderont une foi entière, leur donnera la plus fausse idée de l'Espagne et des populations pyrénéennes. Vous souhaiteriez leur faire accroire que les Visigoths, détruits dans la Péninsule, il y a plus de onze cents ans, sont encore les maîtres dans les treize royaumes ; que les Pyrénées ont pour habitans des tribus gothiques et féodales qui appellent de tous leurs vœux les Tartares, et menacées par les révolutionnaires de la Castille, implorent les secours du magnanime Czar. Telle est l'impression que vous voulez produire sur les guerriers norwégiens pour exalter leurs courages, et vous y réussirez certainement. Toutes les allures poétiques de votre style, toute cette phraséologie vague, derrière laquelle on voit se confondre, sur un horizon blafard, tous les points de vue de notre histoire méridionale, n'ont d'autre intention que d'évoquer, aux yeux fascinés des Barbares, les vieilles images de l'empire gothique, embellies de quelques rayons de poésie étrangère que vous empruntez à l'Orient *: même, cette affectation de mystago-

* Les peuples de l'Europe septentrionale ont leur poésie ; mais elle est toute d'emprunt. Le génie des tribus slaves, gothes et saxonnes, ressemble à l'oison de la fable qui ne s'éleva de terre que par retomber plus lourdement. — Un ancien usage, inspiré aux bons Suédois par la mythologie grecque, voulait que la princesse des-

gie brahmanique vous sert à mieux cacher la poésie indigène de l'Ibérie, empreinte du plus pur spiritualisme ; cette poésie, qui jusqu'au siècle d'Auguste repoussa dans les Pyrénées-Occidentales la religion des mythes, et sans cesse opposant une civilisation intelligente aux envahissemens du culte superstitieux, n'avait d'autre emblême que le chêne de liberté sous lequel s'asseyaient à Guernika les vieillards et les *voyans* de la république solaire.

XXVI.

De don Carlos qui est un ange, et de Romulus qui fut enlevé au ciel.

Peu de gens auront deviné pour quel motif vous attaquez avec tant

tinée à partager le lit et le trône de leur roi arrivât par mer. Comment faire quand la princesse avait toujours habité la Suède, et marché sur terre ferme ? Rien de plus ingénieux. Elle entrait dans une barque, se faisait conduire à quelque distance du port, puis, comme une autre Vénus, revenait dans tout l'éclat de ses charmes, jetée sur la plage par les flots écumeux. L'heureux monarque assistait au débarquement avec toute sa cour ; il tendait sa main à la nouvelle Aphrodite pour l'aider à sortir du canot, et pour la conduire en triomphe au lit nuptial. Nul autre, pendant ce trajet, n'avait le privilége de toucher aux vêtemens de la déesse. Or, il advint un beau matin qu'une de ces nobles vierges, peu charmée de la physionomie de son noble époux, et surprise d'apercevoir derrière le prince un officier aux mains et au visage couleur d'ébène, eut une distraction, glissa en posant le pied sur le bord du canot, et finalement tomba sur le rivage. Chacun de rester coi, bouche béante, si ce n'est le noir écuyer qui, plus audacieux et plus alerte, s'empressa de la relever. A cette profanation, les plus vénérables conseillers hochèrent la tête. Un corbeau ayant traversé les airs dans ce moment, en poussant son cri rauque, acheva d'attrister les esprits par de funestes présages. — « Hélas, hélas ! le ciel s'est déclaré, dit à demi-voix le chancelier de l'université d'Upsal, le plus savant homme du royaume ; le trône n'aura point d'héritier. L'événement démentit cette prophétie. La joie publique anticipa sur la naissance du prince royal ; ce n'étaient que fêtes et réjouissances dans toute la Suède. Enfin vint le solennel moment où le principicule se dérobant à l'obscurité du sein maternel devait paraître à la lumière du jour. La beauté de l'enfant et sa couleur firent que l'on se récria ; car il n'avait ni le teint blanc marbré, ni les cheveux blonds de son père. Je n'en dirai pas davantage, à cause de ma vénération pour cette noble reine de Suède, dont je ne veux pas noircir la mémoire. Les bons Suédois, depuis ce jour, répètent souvent le proverbe qui dit que blanc peut paraître noir. Tant il est vrai que les extrêmes se touchent !

de violence le catholicisme prosaïque de la *Gazette de France* et le bigotisme étroit de la camarilla de D. Carlos, M. le Baron. J'ai assez montré l'aversion que m'inspire la camarilla carliste, pour qu'il me soit permis de défendre contre vous le Prétendant dont vous dénigrez la personne avec une injustice notoire. D. Carlos est frappé d'impuissance politique parce que sa royauté délaissée ne trouve de sympathies efficaces, ni dans la Castille révolutionnaire, ni dans l'insurrection fédéraliste, ni dans les princes du Nord, préoccupés de leur plan d'invasion.

L'on ne saurait d'ailleurs refuser à D. Carlos des qualités personnelles qui ne sont pas communes chez les rois de notre époque, une probité sévère, un sens droit, de la bonté, de la fermeté, du courage. Il a couru de grands dangers après son arrivée au milieu de l'insurrection. Plus d'une fois il a été obligé d'abandonner sa suite, et d'aller, errant sur les montagnes, avec un seul guide, dans une direction opposée; plus d'une fois l'excès de la fatigue l'a contraint de s'arrêter à la portée du fusil des christinos; le robuste montagnard prenait alors le roi de Navarre sur ses épaules, et gagnait des sites déserts et inaccessibles, en attendant que Zumala-Carreguy vint les dégager. Quel roi contemporain voudrait s'exposer aux mêmes périls et pourrait montrer la même persévérance * ?

Vous nous dites, M. le Baron, qu'il est urgent de soustraire les Basques à l'influence détestable de la camarilla castillane. Je puis à cet égard vous rassurer complétement. Les intrigues de la camarilla n'ont abouti qu'à prouver son isolement et son impuissance au milieu des populations insurgées Zumala-Carreguy, dont le pouvoir était dicta-

* L'on s'est fort moqué de don Carlos, qui a nommé la sainte Vierge généralissime de ses armées; il n'a pas été plus ridicule en cela que les Polonais, qui appellent la sainte Vierge duchesse de Lithuanie. Le défunt roi de Saxe, Antoine, projeta dans sa jeunesse de faire le pélerinage de Jérusalem; le roi régnant, Auguste, fit entendre à son dévot frère que l'état des finances du royaume ne lui permettait point d'approuver ce pieux dessein. Les évêques furent assemblés, le pape consulté. Le souverain pontife suggéra l'idée de faire calculer par un bon géographe, et diviser en pas métriques la distance qu'il y a de Dresde à Jérusalem; il se chargea d'appliquer l'intention, et le prince Antoine, charmé de l'expédient, résolut de faire son pélerinage dans sa chambre à coucher, dont il faisait plusieurs fois le tour à genoux chaque matin. Il arriva de la sorte au terme, non de son voyage, mais de sa vie. Il lui restait encore à faire neuf mille cinq cent dix-neuf pas pour entrer dans Jérusalem, lorsqu'il mourut en beau chemin, ayant usé par les genoux vingt-trois douzaines de culottes. Et M. le Baron d'Eckstein se moque du bigotisme des princes espagnols.

d'une république ibérienne est une « pure chimère. » Or, comme j'ai été le premier et le seul en France à prêcher la fédération ibérique, vous me permettrez de vous répondre que ce fait politique, loin d'être une chimère, doit se réaliser dans un avenir plus ou moins prochain. Le chêne fédéral des enfans d'Aitor fleurit encore à Guernika; ce chêne, que M. Bory de Saint-Vincent appelle avec raison, le plus ancien et le plus respectable des monumens naturels que l'Occident ait conservés, après tant de révolutions historiques. Vous n'avez donc pas lu les antiquaires de l'Espagne qui nous ont transmis de précieux détails sur la société des premiers Ibères et sur la splendeur de cette fédération patriarcale? Vous qui vous prétendez versé dans l'histoire des premiers âges et dans la science mystérieuse des symboles, vous ignoriez que les tribus du Soleil et les enfans de l'Agneau ont habité pendant plus de vingt siècles la Péninsule, jusqu'à l'arrivée des Celtes? N'allez point m'alléguer les fables imaginées par Bérose; elles ont été depuis longtemps rejetées par la saine critique; elles ne sont point admises dans l'histoire et se rapportent dans tous les cas, à l'époque qui suivit immédiatement l'irruption des Barbares. D'où tirez-vous que la primitive Espagne ait eu des monarques? dans quel livre, connu de vous seul au monde, avez-vous trouvé le catalogue de leurs vertus? Voudriez-vous, par hasard, nous parler des rois Visigoths, que nous allons passer en revue tout à l'heure? Ces monarques barbares ne sont ni anciens ni primitifs; ils sont modernes, puisque leur histoire commence au cinquième siècle de l'ère vulgaire. Les chroniques nous ont transmis

devenue reine d'Espagne elle lui envoya, par courrier, un chiffon de drap pour rapiécer sa robe, et accomplit ainsi la singulière promesse qu'elle avait faite à sa duègne dans un accès de mauvaise humeur. Son père la mit une fois à la porte d'une salle de bal, pour s'être conduite avec une grossièreté révoltante envers quelques dames de la cour. — Don Pedro dut en grande partie la perte de la couronne impériale du Brésil aux extravagances de l'archiduchesse d'Autriche, qu'il avait fait la sottise d'épouser. — La princesse d'O*** est une Russe indisciplinable qui dans un incendie a failli se laisser brûler, plutôt que de permettre aux personnes qui voulaient la sauver de toucher ses vêtemens sacrés; elle se considérait comme une divinité offerte aux adorations des peuples. Un haut et puissant prince du sang impérial étant accouru fort à propos, la préserva de la mort et de la profanation d'un attouchement vulgaire. L'ambassadeur hollandais, chargé de la demander en mariage, s'étant trop approché d'elle, reçut pour toute réponse un grand coup de pied, qui l'avertit de se tenir à une distance plus respectueuse.

l'épouvantable liste de leurs crimes, et ce n'est que par une révélation toute spéciale de Dieu, que vous avez pu acquérir la connaissance de leurs vertus dont vous faites l'éloge. Roderic, Erwige, Egika, Wamba, Recessuinde, Cindasuinde, Tulga, Suintila, Sisebuth, Gondemar, Recarède, Léovilgide, Agila, Atanagilde, Theudis, Euric, Théodoric, Valia, Ataulphe, sont-ce bien là ces « anciens et vertueux » monarques de la primitive Espagne, » que vous nous présentez comme les modèles du Prince libérateur que les Espagnols doivent élever sur le pavois ?

Les rois Visigoths entrèrent dans la Péninsule, le sabre à la main. Ils courbèrent sous le joug féodal les populations vaincues. Savez-vous bien que jusqu'à l'arrivée d'Ataulphe et de ses hordes barbares, deux mille ans avaient passé sur l'Ibérie, depuis la venue des Phéniciens? Savez-vous bien qu'à cette époque reculée, malgré l'établissement des Celtes, les Bethikoans, les Bastetains, les Béthuriens, les Cunéens, les Vettons, les Lusitaniens, les Orétains, les Cerretains, les Carpetains, les Lobetains, les Othetains, les Callaiques, les Artabres, les Asturiens et les Celtibères ne reconnaissaient point de rois, et couvraient tout le sol de l'Espagne d'un vaste réseau de fédération ? Je n'ai point compris dans cette nomenclature, les Euskariens, Cantabres et Vascons, dans lesquels vous reconnaissez vous-même les représentans de la république ibérienne. Ils étaient alors la lumière et la gloire de l'Espagne, et se trouvaient placés à la tête de toutes les entreprises de la fédération générale, qui défendit avec tant d'éclat sa nationalité et son indépendance contre les peuples étrangers. N'est-ce point la fédération qui soutint des guerres acharnées, avant de se soumettre, en partie, au joug des Carthaginois ? N'est-ce point la fédération qui défendit pied à pied, contre les Romains, le sol de la Péninsule, dont la conquête, qu'ils ne purent jamais achever, leur coûta plus de deux siècles de combats ? En dernier lieu, lors des guerres cantabriques, sous l'Empereur Auguste, l'Espagne ne fut-elle pas un instant sur le point de secouer la domination romaine ? Et sous les Visigoths, la fédération pyrénéenne, pendant trois siècles de luttes féroces, ne fit-elle point triompher son indépendance, contre les efforts réunis des barbares ? Que dirons-nous des Maures, successeurs des Visigoths, des Maures qui terminèrent en dix-huit mois la conquête de toute la Visigothie jusqu'à l'Ebre, et n'en furent expulsés qu'au bout de huit cents ans ? A qui l'Espagne fut-elle redevable en grande partie de sa restauration glorieuse? A la fédération des Basques. Je l'ai dit ailleurs ; je l'ai prouvé, les chroniques à la main. Tout récemment encore, ne sont-ce pas les provinces espagnoles qui, malgré la défection royale, et dirigées par leurs Juntes fédératives, ont repoussé l'invasion française et vaincu Napoléon? Aujourd'hui enfin, quel principe social combat contre Isabelle, sous le drapeau de D. Carlos, et rend à jamais impossible l'unité de la monarchie castillane? La fédération, toujours la fédération, incarnée dans les Euskariens, dans les Basques, auxquels vous donnez le nom d'Ibères. De quel front osez-vous donc soutenir que « pour quiconque a soigneusement étudié le passé de ce pays, même » dans ses manifestations les plus prononcées d'indépendance, cette » idée d'une république ibérienne est une pure chimère? » Pourquoi d'anciens et vertueux monarques de la primitive Espagne, sortent-ils tout armés de votre cerveau, quand l'Espagne ancienne, antique et primitive, n'a point eu de rois? Vous posez en fait qu'il ne faut point en Espagne de centralisation; mais qu'il faut un centre. Faites-moi la grâce de me dire comment vous expliquez ce centre sans centralisation. Il ne faut, dites-vous, ni Maires ni Préfets; mais il faut un Prince : avec ce magnifique Prince, cet Empereur, ce Czar, sans doute, autant de gouvernemens militaires que de provinces; et à la tête de chaque gouvernement militaire, un haut Baron. Très-bien. Je vois d'ici comment vous adoptez complétement la révolution méridionale en général, et la révolution française en particulier, qui n'aurait ainsi d'autre résultat, que de préparer la fondation des tyrannies nouvelles, après avoir noyé dans le sang celles qui ont opprimé les peuples méridionaux, pendant quatorze siècles, depuis l'invasion désastreuse des Goths. Vous promettez à l'Espagne un magnanime prince, lequel n'aura rien de commun avec ses infans et ses infantes, ses prétendans et prétendantes, ses rois et ses reines du jour. Ce qu'il lui faut, c'est un trône céleste appuyé sur une féodalité militaire et religieuse tout à la fois. Dormez sur cette oreille et faites de beaux rêves, M. le Baron. En attendant qu'ils soient réalisés, vous nous accordez, sans attacher la moindre importance à votre concession, « que si les » provinces espagnoles veulent se constituer sous la forme d'une fédé» ration républicaine, elles en ont le droit, comme jadis les Pays-Bas, » la Hollande et les cantons de la Suisse. » En ont-elles la puissance? Sans

» contredit. La position géographique de l'Espagne lui permet» trait impunément une constitution pareille, dans laquelle elle pourrait » retrouver force et gloire. » C'est vous-même qui nous faites un aveu si précieux. Quels obstacles s'opposent donc à ce que l'Espagne reprenne sa constitution antique et primitive qui lui rendrait sa force et sa gloire ? Je ne m'en serais jamais douté, si vous ne l'aviez dit : « Les » habitudes de la nation trop chevaleresques et guerrières, trop pro» fondément contraires à tout labeur. » J'avoue, M. le Baron, que je ne comprends pas bien le dernier membre de votre phrase. Si c'est une tournure excentrique et originale, pour dire que les Espagnols ont en horreur le travail et sont naturellement paresseux, toute la conclusion que je tire de votre argumentation, c'est que la monarchie et le despotisme conviennent, selon vous, aux peuples qui aiment à croupir dans la fainéantise et la misère. La liberté rend l'homme actif. — Vous voulez donc faire des Castillans une race d'ilotes et d'esclaves ? Telle fut leur condition sous les Visigoths et même sous les Maures. Affranchis dans ces derniers siècles par le fédéralisme pyrénéen, il ne leur restait plus qu'à briser le sceptre vermoulu de leurs rois impuissans. Le progrès des lumières, secondé par tous nos efforts, devait bientôt les arracher au somnambulisme religieux et rendre complète leur liberté. Vous voulez les replonger dans la servitude. Quels instrumens stimuleront sous vos mains la paresse de ce peuple abruti de nouveau ? Le sabre, le knout, et la verge du prêtre inquisiteur.

XXVIII.

Pourquoi M. le Baron d'Eckstein, qui méprise souverainement les Français, vante les Anglais et les Américains du Nord, et fait l'éloge du gouvernement russe, entre deux parenthèses.

Je reconnais aussi bien que vous, M. le Baron, la séduction qu'une flatterie adroite exerce sur l'amour propre des hommes et des peuples. Des inspirations venues de haut vous ont prescrit de faire un peu la cour aux Anglais, et vous vous en acquittez à merveille, par le soin que vous prenez de vilipender la France. Par là vous êtes sûr de charmer nos ennemis d'outre-Rhin ,et d'enthousiasmer John Bull. Les hommes d'état et les diplomates de la Grande-Bretagne, se rengorgeront avec un accroissement d'admiration pour eux-mêmes, et pour votre perspicacité, lorsqu'ils vous entendront soutenir que le gouvernement anglais est le seul qui « marche dans les voies du sens commun, » en l'an de grâce 1836. Tous vos éloges, toutes vos satyres sont des billets à vue tirés sur la gazettes d'Angleterre, qui paieront comptant, en grosse monnaie de complimens fastueux propres à chatouiller agréablement votre amour propre excessif.

Je m'aperçois néamoins que votre panégyrique de la politique anglaise est accompagné de restrictions assez importantes pour en atténuer l'effet. Vous confessez que les Anglais sont égoïstes, plus durement égoïstes qu'aucune autre nation de l'Europe moderne, sans en excepter les Russes. Vous désapprouvez hautement le machiavélisme de la Grande-Bretagne, et le mode souvent odieux de son intervention dans les affaires de la Péninsule. C'est seulement en Orient que les Anglais vous apparaissent généreux, sages, magnanimes, respectant avec les égards les plus religieux la sainteté des droits de l'homme qu'ils dédaignent profondément dans cette partie de notre hémisphère. Vos assertions sur la conduite des Anglais dans l'Inde sont de la plus grande fausseté. Nulle part leur égoïsme cruel, leur machiavélisme impie, ne se sont montrés avec plus d'impudeur que parmi les populations indiennes. Si les Anglais ont adopté le code indien, c'est après avoir essayé vainement d'imposer à leurs victimes le régime anglais. Oubliez-vous donc ces Soudras héroïques, ces douze chefs indiens qui, traînés avec ignominie devant un bailly anglais, reprochèrent avec dignité à ce boutiquier Anglo-Saxon, de les traiter en esclaves, au mépris des droits et des priviléges de leur caste; puis, soudain tirant leurs sabres, avec cet héroïsme négatif qui caractérise le génie oriental, se frappèrent eux-mêmes, et tombèrent baignés dans leur sang, à la grande stupéfaction de John Bull et de ses greffiers? Ignorez-vous que la nouvelle de ce tragique incident fut sur le point d'occasioner un soulèvement général, et que les Anglais craignirent un instant de se voir expulsés à jamais des Indes-Orientales? Quoi! vous, Baronnet du Séland, qui singez les Brahmes indiens, parce que vous savez peut-être déchiffrer leur alphabet et traduire tant bien que mal leurs *Védas*, vous iriez vous draper de cette poésie qui vous est étrangère, pour traiter nos bourgeois de France de vils *Parias*, et vous placeriez en palanquin les boutiquiers de la Grande-Bretagne? Vous iriez conspuer notre gouvernement représentatif, et dire que le gouvernement anglais marche seul dans les voies du sens commun, tandis que la *Gazette de France* n'aura point de peine à vous prouver, sans contradicteurs, que tout notre rouage politique et gouvernemental est une importation anglaise, une imitation de John Bull?

Pourquoi ces contradictions choquantes? Pourquoi ces assertions d'une évidente fausseté? Était-ce pour mendier les articles de la *Revue d'Edimbourg*? Je ne dis pas non; mais je crois démêler un autre but dans les éloges que vous prodiguez aux Anglais sur la douceur et la magnanimité de leur domination dans l'Inde. Vous les peignez comme de paisibles possesseurs, respectés du peuple, chéris des castes supérieures, adorés par les Orientaux. Vous faite mine de croire à toutes ces belles choses; vous prenez un masque de simplicité, de bonhomie qui vous sied à ravir. Vous feignez d'ignorer profondément que l'autocrate russe brûle de porter ses armes conquérantes jusqu'au rivage indien, et de précipiter les comptoirs anglais dans la mer, suivant l'expression pittoresque de Makana, ce libérateur que la noire perfidie des Anglais a ravi trop tôt aux destinées de l'Afrique.

Vous avez beau faire, seigneur Baron; les Anglais, quoique vains, ne seront point les dupes de votre rhétorique; ils savent parfaitement à quoi s'en tenir, et sont depuis long-temps en bonne garde. Si la flûte d'un Sauvage a le pouvoir magique d'endormir le serpent-monstre, la politique anglaise est un dragon bien autrement vigilant, qui ne laisse jamais échapper sa proie, et n'écoutera que d'une oreille la musique flatteuse de l'Orphée du Séland. D'ailleurs, votre amour propre, qui ne peut se résoudre à vous laisser jouer long-temps le rôle d'un sot, vous met bien vite en contradiction avec vous-même, et laisse percer la vérité. C'est ainsi qu'en parlant à la fin de votre livre de la platitude des conceptions françaises et du journalisme français, vous les mettez en parallèle avec « le cynisme de John Bull. » Ailleurs, vous peignez en termes pompeux la marche providentielle des Russes sur les bords du l'Oxus et du Jaxartes, et les progrès non moins providentiels des Anglais vers les rives de l'Indus. A ces deux nations prédestinées, vous assignez pour rendez-vous la Perse orientale. « Alors, vous écriez-vous, Dieu » (le Dieu des armées), tiendra table ouverte dans l'antique Afghanis- » tan. Ce sera peut-être le combat des Lapithes et des Centaures; le

» vin de la fureur circulera dans les coupes d'or ornées de saphirs et » d'émeraudes; l'ange de la destruction y versera jusqu'aux bords le » sang des armées; mais enfin, de ce puissant conflit, jailliront les étin- » celles d'une nouvelle existence européenne, mêlée à de hautes des- » tinées asiatiques, dans les contrées où fût peut-être un des berceaux » des nations occidentales. »

Tout ce qui me paraît bien clair, à travers vos peut-être, M. le Baron, c'est que la nation occidentale dont vous transportez le berceau en Orient, et que vous ne nommez point, est celle des Goths infects et ravageurs, qui nous sont plus connus sous le nom de Vandales. Je vois en outre, que les deux nations providentielles que vous placez sur les deux balances de la politique, sont les Anglais et les Russes; ces derniers parce qu'ils préparent la conquête d'invasion, et l'Angleterre parce que la moderne Amphytrite se moque des Barbares, sur son trône insulaire, et reine de l'Océan brandit, en guise de sceptre, le trident neptunien.

Vainement, dans ce large tableau, je cherche une petite place, un petit coin pour notre France révolutionnaire et civilisatrice; vous ne daignez pas seulement en faire mention; on la croirait rayée de l'histoire, et vous ne vous occupez pas plus de sa prépondérance politique, que si la Sainte Alliance en avait déjà fait le partage. Paris à un Czarowitz, Bordeaux et la Guienne aux Anglais. Vous exaltez par-dessus tout « l'éton- » nante supériorité de la politique anglaise, sur toutes les autres politi- » ques européennes. » Mais soudain la portée de cet éloge vous donne un remords; il vous semble entendre les portes de la chancellerie russe se fermer avec fracas, et les diplomates de St.-Pétersbourg, [illegible], vous accabler de reproches. Alors vient la fameuse parenthèse de votre livre, que je voudrais pouvoir faire imprimer en lettres de saphir. « (Je mets de côté la Russie; son gouvernement fait gémir » l'humanité (petite précaution oratoire qui s'explique avec le mais); » mais il a de la force, il est entendu; il combine puissamment les in- » térêts de la Moscovie; sa politique est toute d'une pièce, comme celle » de l'Angleterre, comme celle des Etats-Unis de l'Amérique, quoique » dans un autre sens.) »

Cette parenthèse vaut tout un livre, M. le Baron. L'éloge de la Russie s'y trouve aussi complet qu'il est adroitement amené. Mais, cette corde résonne désagréablement aux oreilles françaises; vous la faites vibrer comme par hasard, pour n'y plus toucher. N'oublions pas surtout les

Etats-Unis de l'Amérique du Nord, avec lesquels l'autocrate du Nord de l'Europe brûle de faire alliance ; événement qui pourra se réaliser quelque beau jour, pour le désespoir de John Bull, qui perd l'appétit en voyant des flottes américaines se baigner dans la Méditerranée. Qu'importe que le gouvernement russe et américain pivotent en sens inverse, s'ils n'ont rien à craindre l'un de l'autre, s'ils sont modèles tous les deux, et si les engrenures des deux machines politiques peuvent s'adapter pour rouler harmonieusement? Ce n'est point sans but que M. le Baron d'Eckstein va semer ses éloges en terre d'Amérique, en terre républicaine ; il peut en venir de bons fruits et une ambassade à M. le Baron. En attendant, il jette, à pleines mains, de la boue sur la France ; il dit à chaque ligne, notre populace cannibale, nos maigres avocats, tout comme s'il était Français, le Prussien orientaliste, le Danois! Et voulant enfin témoigner son estime à quelqu'un, il va chercher... Devinez qui, lecteur? Le patron du général Allard, le roi de Lahore, ou pour parler avec M. le Baron « le débauché Ranschit Singk et ses indomptables Sikhs ! » Notre auteur prétend qu'en lui, et chez lui, « brille encore » la vie en des rayons épars. » Cette assertion ne s'accorde guère, avec les rapports naïfs qui nous ont appris que le magnanime Singk était complétement usé par l'excès du bonheur, et n'en pouvait mais, pour cause*. M. le Baron d'Eckstein veut à toute force lui faire le compliment le plus flatteur à un homme en pareil cas. Est-ce encore sans but ? Oh ! que nenni ! M. le Baron se propose de lui envoyer un exemplaire de son livre ; et il écrit à Saint-Pétersbourg qu'il espère détacher Ranschit Singk de l'alliance française. Satané Baron !

[1] Ranschit-Singk ne se trouverait point aujourd'hui dans cet état fâcheux, s'il eût mieux observé le précepte de la continence, ou s'il eût connu le secret que le prince P..., l'un des principaux hommes d'état de la Russie et favori du Czar, doit avoir appris de quelque jongleur tartare ou lapon. Alexandre écrivit un jour à son confident : — « Mon bon ami, je t'adresse le B. de K..., neveu de la fameuse. Tâche » d'en faire quelque chose. Je lui ai promis une ambassade ; qu'en penses-tu ? » — Porteur de cette lettre, le B. de K... fut admis à l'audience du prince ; il le trouva se promenant dans son appartement, dont les fenêtres étaient ouvertes par un froid glacial, aux quatre vents cardinaux. Le prince était tout nu ; on peut le dire, puisqu'il n'avait d'autre robe de chambre que des feuilles sèches collées sur la peau. Étant monté à cheval la veille, il s'était fait poudrer ou fariner certaine partie du corps qui n'était point la tête, et que je ne nommerai point à cause de mon grand respect pour les dames. Un domestique le suivait en agitant un plumeau derrière lui, pour tempérer l'inflammation. Trois longues heures d'entretien sérieux ne purent

XXIX.

Des moyens de restaurer le droit en France, selon M. le Baron d'Eckstein.

La Sainte-Alliance, qui pouvait, selon vous, restaurer en 1814 le droit dans notre France, M. le Baron, eut le grand tort de laisser octroyer une Charte et de faire de la diplomatie pitoyable. Ce sont vos termes. Voilà comment il se fait que M. le Baron et chacun de ses amis, Prussiens, Autrichiens, Russes, ont été « trompés, dupés, volés » dans toutes les espérances de leur jeunesse. » Cet aveu est infiniment précieux. Il est du plus haut intérêt de rechercher de quelle nature pouvaient être ces espérances, et ce qu'il faut entendre par les bases du droit dont la restauration était confiée aux mains paternelles des princes du Nord.

Et d'abord, que voulaient les peuples à l'avènement de Napoléon? Que voulait la France? En quoi faisait-elle consister son droit politique? Sur quel principe désirait-elle asseoir les élémens de son indépendance, de sa gloire, de son bonheur? Ce n'était point sur le jacobinisme, que M. le Baron appelle infâme; ce n'était point non plus sur les doctrines creuses et les fausses théories de la Constituante, ce spectre qui semble causer des insomnies à M. d'Eckstein, et peser sur sa poitrine comme

suffire au B. de K... pour revenir de la surprise où il était de voir le prince P... dans cette étrange toilette, et le sang froid parfait du ministre ajoutait à son étonnement. — « Je parie, seigneur B..., que vous avez été surpris de me trouver en » cet état un peu singulier, lui dit le prince en le congédiant; apprenez que c'est » un moyen infaillible de conserver les forces vitales jusqu'à cent ans ». L'illustre original vit encore. Aux feuilles sèches près, le prince de T... est grand partisan du simple appareil; il passe ainsi ses matinées; et l'on prétend que M. T..., ce petit grand homme, avait fait, devant le patriarche de la diplomatie européenne, la répétition de la plaisanterie de Grand-Vaux, entre deux chandelles. Dieu mène la France (et la Russie), dit M. G... Dans ce cas, Dieu soit béni. L'âge d'or règne sur la terre.

un cauchemar. M. le Baron n'hésite point à affirmer que la France, qui venait de repousser, presque sans pain et sans armes, l'invasion étrangère, avec un héroïsme à jamais glorieux, ne désirait en aucune façon « l'humiliation des princes étrangers », au contraire! Cette assurance que M. le Baron d'Eckstein donne à Nicolas et à ses alliés, sur la garantie de sa parole d'honneur, leur causera nécessairement la plus vive satisfaction, et ils se réjouiront de tenir en France un homme habile qui voit les choses sous un aspect aussi flatteur pour eux, dans le passé, le présent et l'avenir. Tout ce que demandait la France était peu de chose, presque rien : « Que les princes étrangers renouvellassent leurs » systèmes, qu'ils se missent à la tête de leurs peuples, qu'ils opéras» sent une révolution fondée sur les bases de l'équité. » L'on voit que M. le Baron d'Eckstein attribue à la France d'alors les sentimens les plus modérés, le plus complet oubli des injures, et le *nec plus ultrà* du pardon politique. Comment la France ne vit-elle point exaucer les vœux raisonnables qu'elle avait formés? Napoléon seul en fut la cause, Napoléon, ce damné Corse, en qui l'esprit guerrier de la révolution française s'était incarné jusqu'à la moelle. Quel fut son tort ou son malheur? De parcourir l'Europe, tambour battant, d'exterminer, dans une longue série de victoires et de batailles, trois millions de Barbares environ, d'arborer son étendard impérial sur les clochers de toutes les capitales des princes étrangers, et de s'asseoir triomphant sur les trônes de ces valeureux princes qui fuyaient à travers champs? Non ; ce n'est point de tout cela que M. le Baron d'Eckstein lui garde rancune. C'est d'être venu apporter à la France un code, une administration, une conscription, une police, des bureaux et des Préfets; c'est d'avoir façonné les princes étrangers à son école et de leur avoir imposé son système avec l'admiration de son immense génie.

M. le Baron d'Eckstein ne nous apprend pas ce que Napoléon aurait dû faire pour le mieux ; mais il le laisse entrevoir, en paraphrasant l'éloge de Charlemagne et d'Alexandre le Grand. Il invoque cent fois dans son livre les souvenirs des Goths conquérans, qui se rendirent maîtres de l'Espagne vers l'an 411, et furent exterminés en 711 par les Arabes-Maures ou Sarrasins. Or, a monarchie des Goths, aussi bien que l'empire germanique de Charlemagne, qui s'étendait jusqu'à l'Ebre, en Catalogne, était féodalement divisé en Grands-Duchés, Comtés, Vice-Comtés, Marquisats et Baronies. M. le Baron d'Eckstein déplore *in petto* que Napoléon n'ait point courbé la France sous le joug féodal qu'elle venait de briser en 89, tout vermoulu par les siècles. Les rejetons de l'ancienne aristocratie franque, et les nouvelles illustrations militaires, maréchaux et ducs, étaient les sommités autour desquelles il aurait dû grouper les populations vassales. M. le Baron d'Eckstein, devenu catholique et croyant, avec infusion de mystagogie brahmanique, se serait chargé de doter l'Occident régénéré d'un évangile nouveau ; il aurait fondé le nouveau culte, et créé par la force de son génie un sacerdoce infiniment préférable à nos évêques, esprits faibles, et aux diseurs de litanies de la *Gazette de France.*

Napoléon ne comprit point l'urgence de cette merveilleuse transfiguration, ou ne se sentit pas la force de l'accomplir. Il se contenta de signer notre Code civil, le pauvre homme, qui n'avait jamais lu, comme M. d'Eckstein, le *Maha-dharma-sastra* et le code du roi Manou. Les princes étrangers imitèrent servilement Bonaparte, et les espérances que le jeune Baron et ses frères d'armes avaient conçues, se dissipèrent en fumée, au lieu de se réaliser en riches dotations de Primats, de Magnates, ou en revenus féodaux, dîmes, cens et redevances de Ducs, Comtes et hauts-Barons.

Faut-il s'étonner après cela, que M. le Baron d'Eckstein s'indigne en pensant aux Jacobins infâmes, qu'il recule devant le spectre de la Constituante, qu'il méprise le gouvernement représentatif, qu'il abhorre la république, soit unitaire, soit fédérale? Ne conçoit-on pas qu'il lacère à belles dents la Charte octroyée des Bourbons en 1814, la Charte baclée de 1830, avec toutes les Chartes passées, présentes et à venir? N'a-t-il pas raison d'être furieux contre les maigres avocats, les journalistes rachitiques, les députés et pairs momies, les ministres crétins qui l'ont empêché de s'arrondir convenablement et dans la mesure de ses dispositions natives, chevaleresques et brahmaniques? Je le demande, n'a-t-il pas vingt fois, cent fois, mille fois raison? O glorieuse entrée des princes alliés dans la cité de Paris! O magnifique occasion perdue, que la sublimité du Czar Nicolas peut seule faire renaître! Bourbons aveugles, qui vous trouviez fort heureux de régner au prix d'une Charte, à tout prix, sur le doux pays de France, dont la hache populaire vous avait rejetés, pourquoi trompiez vous les espérances du jeune Baronet d'Eckstein qui adopte la révolution française dans tous ses résultats? Pourquoi, prince goutteux, roi sophiste, latiniste, helléniste, Louis XVIII enfin, pourquoi n'apprenais-tu pas le sanskrit? Pourquoi ne choisissais-tu pas pour ton modèle Alexandre le Grand ou Charlemagne? Pourquoi n'organisais-tu pas plutôt la France, à l'imitation de la monarchie des Goths, ces enfans de l'Orient, dont il n'est plus question en Espagne depuis mille cent-trois ans? Puis Charles X! A la bonne heure. Celui-là fut des amis de M. le Baron d'Eckstein. Mais après l'insurrection de 1830, lui, l'autre, nous tous, les progressistes, les humanitaires, les panthéistes, les anarchistes, les fédéralistes, et par dessus tout un roi national qui s'entoure d'une belle et intéressante famille, et ôte toute chance de succession à la légitimité des princes étrangers, au droit sacré de leur sabre béni du ciel et de M. d'Eckstein! C'est à n'y plus tenir! C'est désolant!

Mais, le digne Baron n'a point encore perdu courage. Il compte beaucoup sur l'effet de son livre. Nicolas, après tout, n'est-il point là, qui nous mettra tous à la raison? Nicolas qui, « plus heureux que » Napoléon, a trouvé des âmes croyantes »? * En attendant, M. d'Eckstein, l'homme pensant, se console le mieux qu'il peut de cet état de choses. Que lui reste-t-il, après le naufrage de ses plus chères espérances? « une abstraction, l'avenir, l'idée générale d'une régénération » de l'univers, quand le commerce, quand la guerre, quand la science » auront rapproché entre elles les différentes parties du globe (les con- » tinens pour les peuples, figure hardie digne du génie poétique de » M. d'Eckstein), quand le sanskrit sera compris par les meilleurs es- » prits de Paris et de Londres; quand le latin sera compris par de

* L'empereur Alexandre se dérobait quelquefois au plat servilisme de ses courtisans, pour aller se confondre dans l'un ou l'autre des cercles anglais de Saint-Pétersbourg. Il y goûtait le plaisir d'être traité en homme, et se délassait du rôle de fétiche qu'on le contraignait à jouer. Il existe un Empereur qui éprouve moins de répugnance à s'ériger en Demi-Dieu, et fait éclater en tous ses faits et gestes un caractère pédant et rêveur qui le rend adorable pour tous les officiers slaves et prussiens. Je ne parle point du Grand Duc Michel, qui est un lourd Allemand, comme Constantin était un Baskir féroce. Alexandre, qui avait contracté des goûts anglais, ayant voulu donner une leçon de boxe à ce dernier, reçut un grand coup de poing qui lui démit le cou; les plus habiles chirurgiens ne purent le lui redresser; il a gardé toute sa vie son cou tordu. Je me permets de croire que si les idoles du Nord étaient vues à la clarté d'un soleil méridional, elles perdraient singulièrement de leur auréole, et que le peuple français ou espagnol ne serait point assez sot pour se prosterner devant elles.

» dignes brahmanes à Bénarès et à Calcuta ; quand on saura le chinois » à Saint-Pétersbourg et le russe à Pekin (mettez Paris); quand l'arabe » se parlera à Marseille et le français dans le Iemen (décidément » M. d'Eckstein veut nous reléguer dans le désert du Sahara, par les » états barbaresques); quand l'Orient, quand, etc., etc. » Assez de cancans comme cela. Ce que j'y vois de plus clair, c'est que le programme politico-religieux de M. le Baron d'Eckstein sera réalisé le jour où trois choses règneront sur la terre : le massacre, le despotisme et Babel. Trop peu de sang arrose-t-il donc la terre ? Sommes-nous trop libres ? Et la confusion des langues n'est-elle pas assez grande ? Le peuple civilisateur ne doit-il pas faire prédominer la sienne, comme les Romains, dont le dialecte n'était, dans l'origine, qu'un patois imparfait, semblable à l'Eque, au Marse, à l'Osque, au Volsque, au Sabin ? M. le Baron d'Eckstein est d'un avis contraire. Enfin, dit-il en terminant ce morceau curieux, quand nous serons aussi savans que possible, nous verrons que nous sommes de francs ignorans. — « Dieu descendra dans » notre âme, comme Jupiter descendit dans le sein de Sémélé, au mi- » lieu de l'éclat de la foudre » — et tous les mystères seront accomplis! « — Alors il y aura de nouveaux Moïse ; alors il y aura de nouveaux » Pythagore ; alors il y aura des Platon ; alors il y aura des Zoroastre ; » alors il y aura des saint François d'Assise ; alors il y aura des saint » François de Paule ; alors il y aura les dieux, les martyrs, les héros » de l'humanité. *Amen* !.. » — Ni *amen* ! ni diable ! M. le Baron. Nous verrons alors ce qu'il y aura ; j'affirme en attendant, que vous êtes le caffard le plus oriental dont il soit possible de se faire une idée. Ah ! Ah ! je vous y prends, panthéiste, humanitaire, progressiste que vous êtes. Seulement vous voulez la révolution universelle en sens inverse, au rebours, au détriment de la bonne lumière et de la véritable liberté. Mais, vous nous parlez comme la prophétesse de Riphil, comme la Voluspa ! les rois, les héros et les Dieux ! C'est comme chez les Scandinaves barbares ; c'est comme dans l'Edda. Vous y joignez les martyrs, sans doute pour faire allusion au pauvre peuple, écrasé sous la botte sanglante du Czar pontife et de ses hauts Barons ! Je traduis passablement le sanskrit, et je me connais en allégories, seigneur d'Eckstein. Les Rois et les Dieux ! tout est dit. Et voilà comme « la Russie, dans un » certain avenir, peut devenir menaçante » !

III.

MAIA.

XXX.

Des souvenirs de Mme la Comtesse de Merlin, commentés par M. le Baron d'Echstein.

Je dois me hâter de dire ici, M. le Baron, sous quel point de vue j'entends apprécier l'usage que vous avez fait des *Souvenirs* de Mme la Comtesse de Merlin. Les mémoires de cette contemporaine célèbre auraient été dictés par la pensée politique dont vous êtes le principal organe, que je m'abstiendrais de les juger. J'écarte toutefois cette supposition peu favorable, et je n'imagine point que la noble Havanaise ait employé son temps à faire un livre préparatoire, pour vous donner la facilité de populariser de l'autre côté du Rhin certaines idées, certains préjugés *; vous en avez tiré le même parti que s'il eût été écrit

* La diplomatie russe a, dans Paris, ses agens femelles dont la princesse B*** est généralissime. La princesse de L***, parait destinée à lui succéder. L'amour, le jeu et l'intrigue ont rendu l'existence de la princesse *** fort agitée ; neuf lustres accomplis lui ont donné une expérience peu commune, et son étoile, qui domine encore sur l'horizon de la cour de Russie, peut jeter un vif éclat dans certaines éventualités politiques. Cette belle dame avait su capter la confiance aveugle de l'Empereur A***. Comment y avait-elle reussi ? En écrivant des dépêches confidentielles à l'insu de l'ambassadeur, son mari. Mais comme la correspondance du mari et celle de la femme étaient presque toujours contradictoires, la chancellerie se donnait à tous les diables et le comte R*** allait consulter l'Empereur dans sa perplexité. — « Allez, répondit une fois, le magnifique » Czar, sans lire les dépêches : fiez-vous à la princesse. En supposant qu'elle se soit » trompée, je suis trop galant pour donner raison à un mari contre sa femme. » Avec un ton leste et de sottes paroles, le Tartare croyait se donner la tournure d'un vrai chevalier français et se flattait d'éclipser Napoléon. La princesse *** régnait en souveraine, et les tribulations conjugales et diplomatiques du pauvre ambassadeur n'avaient point de fin. Chaque jour, quelque jeune et beau chargé d'affaires venait le remercier d'une protection accordée, d'une place reçue. Encore ma femme, disait tout bas le digne homme, et il acceptait les remercimens le plus gravement du monde. La princesse *** faisait des heureux, et disgraciait les favoris de l'Empereur pour de légers motifs. L'un d'eux ayant eu la maladresse de reconnaître la princesse qui sortait seule, *incognito*, au point du jour, d'une maison de Londres trop bien famée, perdit un poste important. La princesse *** redoute une rivale de son crédit dans la femme du général S***, qui appartient à la plus haute noblesse de Saint-Pétersbourg. Ce mariage avec le général français était prévu depuis long-temps. La princesse *** craignant que Mme S***, par ses relations françaises,

dans le seul but de favoriser votre propagande. Plus je réfléchis à cet abrégé des *Souvenirs* de Mme la Comtesse de Merlin, encadré entre vos considérations injurieuses sur notre France, vos évocations de l'empire gothique en Espagne, votre théorie de la restauration du droit et vos prédictions allégoriques d'une révolution européenne, plus je reste convaincu de la perfidie de votre compte-rendu.

Vos lecteurs d'outre-Rhin auraient eu l'esprit assez borné pour ne voir dans les *Souvenirs* de Mme la Comtesse de Merlin qu'un livre plus ou moins intéressant. Vous vous êtes donné le plaisir de le refaire, dans des formes plus saillantes et plus manifestement intentionnées. Vous avez calculé vos commentaires et vos descriptions, de manière à inspirer infailliblement à vos Norwégiens les rapprochemens et les parallèles qui doivent exalter un jour leur fanatisme guerrier.

Votre analyse, écrite du style le plus étrange et le plus tourmenté que l'on puisse imaginer, n'a pas moins de cent trente pages. La vie de Mme la Comtesse de Merlin s'y retrouve tout entière, jusqu'à la première nuit de ses noces, inclusivement. Vous vouliez, dites-vous, peindre l'enfant et la jeune fille espagnole, et grouper les scènes de l'invasion napoléonienne autour de ce type séduisant. Mme la Comtesse de Merlin s'était-elle donc si mal acquittée de cette tâche ? Vous reconnaissez vous-même que toutes vos couleurs sont empruntées à la palette de l'auteur féminin. Pourquoi retoucher les peintures de l'écrivain original et les charger d'un vernis grossier ? Ne serait-ce point pour les rattacher aux événemens actuels de la Péninsule, ou plutôt à d'autres événemens que le présent féconde avec mystère dans ses entrailles, et qui ne manqueront point d'éclater dans ce « certain avenir où la Rus-

ne fût en position de rendre des services à la Russie et de la supplanter auprès du Czar, mit tout en œuvre pour empêcher ce résultat : femme de chambre gagnée, lettres interceptées, rien ne fut épargné. La princesse *** est l'amie intime du général W***. Celui-ci lui ayant appliqué un jour un proverbe des halles, elle fit sur le nom de l'illustre lord un calembourg européen, qui tournait en ridicule le vilain ton du général. Elle était en lutte ouverte avec le prince et la princesse de P*** à Londres. Nous n'aurions garde de remuer toute cette fange diplomatique, si la princesse en question ne poursuivait le cours de ses intrigues sous la branche cadette, et si nous n'y voyions la preuve que la politique russe ne soutiendra jamais une dynastie française, sortie de de l'hérédité ou de l'élection, qu'avec l'arrière pensée de s'en faire un marche pied pour anéantir la nationalité de la France, dont la gloire est vue dans tout le Nord avec des yeux hostiles et jaloux.

sie peut devenir menaçante ? » Sans contredit, M. le Baron, l'invasion napoléonienne offre un sujet précieux à vos amplifications érotiques. C'est une source féconde d'allusions et de parallèles ; et Dieu sait avec quel art vous les indiquez vous-même, avec quelle verve brûlante, quel luxe de brutale poésie, vous vous appesantissez sur ce tableau dont vous ne voudriez point détacher les yeux de vos lecteurs d'outre-Rhin *; car il faut être simple d'esprit comme nos journalistes, qui vous ont complimenté, pour croire que votre livre fût destiné à la France.

Pour type de la femme castillane, vous allez choisir Mme la Comtesse de Merlin ! Une Havanaise, mariée à un général français dont le sabre était rougi par le sang espagnol ! Vous aviez vos raisons pour faire ce choix. Votre dessein n'est-il point de montrer dans les beautés de l'Andalousie autant d'amantes éperdues prêtes à se jeter dans les bras de tout officier russe, autrichien, danois qui viendrait, le sabre à la main, restaurer le droit monarchique en Espagne, et relever le trône des anciens Goths, des Goths sublimes, comme vous les appelez ? Nul doute que les dames castillanes seront flattées d'être comparées à Mme la Comtesse de Merlin, dont Paris a tant parlé ; mais, ne craignez-vous point que leur patriotisme ne désavoue hautement la personnification que vous leur faites subir ? Vous aurez beau leur dire que « la séduisante » Mercédès devait être l'expression musicale de la divine sympathie qui » régnait dans les âmes des auteurs de ses jours », elles trouveront cela fort harmonieux ; mais, dès que vous prétendrez faire de Mercédès une Espagnole, et surtout le type de la femme ibérienne, vous ne

* M. le Baron d'Eckstein fait penser involontairement à l'incendie de Paris, en parlant de l'incendie de Persépolis ; et sans doute il fait allusion à l'Alexandre du Nord dans la personne d'Alexandre le Macédonien, dont les débauches ont fourni au barde grossier du Séland le sujet d'un hymne pindarique. En effet, le ravage et l'incendie, du sang et du vin, un beau ciel et de belles femmes, une longue orgie, puis la mort, tel est l'idéal de la vie humaine pour ces nobles Barbares ! M. le Baron d'Eckstein l'a hautement proclamé dans son ivresse poétique ; ce qui ne l'empêche pas d'être un saint homme, un écrivain profondément religieux. Espagnols et Français, n'oublions pas que les Tartares-Turks, les Baskirs et les modernes Germains ont bu les vins d'Alicante et de Champagne, dans un banquet hyperboréen, et que le sabre nu à la main ils ont porté un toast universel à leur établissement dans le Midi ; n'oublions pas que dans leurs manœuvres militaires, ils ont tiré à boulet rouge sur les images de Rome et de Paris, tandis que leurs acclamations sauvages répondaient au bruit du canon !

tomberez jamais d'accord avec elles ; et les senoritas, si elles ne se fâchent tout rouge, se moqueront de vous, M. le Baron.

Voyez un peu à quelle scène fâcheuse se trouve exposée Mme la Comtesse de Merlin, lorsque son noble chevalier du Séland s'avise de la présenter comme le modèle des Espagnoles dans une *tertulia* de l'autre côté des Pyrénées. Vous êtes reçus de manière à perdre toute contenance. L'Aragonaise parle à l'oreille de sa voisine du mariage de votre Comtesse avec un général de l'empire français ; la Castillane raconte les soupers fins où Mme de Merlin réunissait à Paris le petit nombre de ses élus ; l'Andalouse rappelle ses concerts italiens embellis par la présence de Mlle Grisi. Aucune de ces nobles Espagnoles n'ose se lever la première, pour accueillir la célèbre Américaine, à titre de compatriote : elles se pincent les lèvres pour ne point éclater de rire, et se cachent le visage de leur éventail.

Le trait distinctif du caractère des Américaines, est l'esprit d'imitation. Elles le portent même si loin, qu'il s'était formé dans le temps, en Amérique, une société de dames, ayant pour réglement d'imiter les Françaises. Les imiter en quoi ? Cet article unique du réglement est assez curieux. S'agissait-il de contrefaire gauchement la grâce inimitable des Parisiennes, de copier l'élégante simplicité de leur toilette, ou d'acquérir l'amabilité, la politesse et l'esprit qui les distinguent ? Nullement : la tâche eût été trop difficile pour des Américaines, qui ont d'ailleurs un faible prononcé pour toute espèce de friandises, de confitures, et de liqueurs. La société dont je vous parle était consacrée au développement des plaisirs du gosier. Elle fut instituée tout uniment, pour apprendre et propager le grand art de boire, comme en France, le plus grand nombre possible de verres d'eau sucrée, à la fleur d'orange!

Montrez-nous donc, M. le Baron, la belle Mercédès « adonnée, comme » toutes les créoles, à cette divine langueur qui n'empêche pas l'esprit » de circuler librement et de parcourir un espace immense. » Dites-nous que « en elle pétillaient tous les feux d'une zône brûlante ; c'é» taient des fusées d'animation, des gerbes scintillantes d'esprit et de » vie que lançait ce volcan animé. » Peignez-nous Mercédès créole, Américaine, Havanaise, Française ; mais si vous n'avez point pris votre parti de déplaire irrémissiblement à tout le beau sexe espagnol, et de rompre en visière à toute pudeur d'écrivain consciencieux et véridique, n'allez point soutenir que la belle Mercédès a été, est, ou sera jamais « le truchement fidèle de l'esprit d'imitation propre à la classe » éclairée, parmi ses compatriotes. » Les dames ibériennes ne reconnaissent point pour leur compatriote Mme la Comtesse de Merlin. Le comte de Survilliers pourrait vous en dire bien d'autres nouvelles. Il n'aura point oublié les tribulations qu'il dut essuyer, et les basses flatteries auxquelles il fut obligé de recourir, avant de pouvoir attirer à sa cour quelques-unes de ces nobles et fières Espagnoles que vous nous peignez si attrayantes pour les conquérans étrangers *. Vous avez l'air de croire que tous les généraux de l'empire trouvèrent chacun, en Espagne, une charmante Mercédès. Je dois démentir vos insinuations, ne fut-ce que pour désabuser charitablement les généraux de Nicolas, qui, sur la foi de votre livre, seraient tentés de se mettre en campagne, et s'exposeraient de la sorte à de cruels désappointemens. Les mariages politiques, les mariages par ordre, comme on les appelait, furent si rares, qu'il serait difficile d'en citer plus de quatre exemples un peu marquans, dans les treize royaumes. La Comtesse de Merlin devient, sous votre plume, un type merveilleux de transformations politiques et sociales. Elle vous sert à prouver qu'on peut être en même temps Havanaise et Castillane, Espagnole et Française, sans cesser d'être un parfait modèle de patriotisme ibérien. Je ne serais point surpris que quelque belle dame russe, autrichienne, ou danoise se mît en tête de l'imiter, avec l'espoir d'être exaltée dans vos livres comme un modèle de patriotisme, et se croire, *ad libitum*, une Parisienne accomplie ou une Ibérienne charmante. C'est assurément la conclusion que vous vou-

* Les dames espagnoles, en conservant religieusement la noble simplicité des coutumes nationales, se sont rendues respectables, tandis que les dames allemandes ont porté quelquefois l'esprit d'imitation jusqu'à une basse servilité. A l'arrivée de la reine Hortense, les dames de sa cour ayant ouï dire que les Françaises allaient au bal en robes décolletées, se présentèrent à la reine la gorge et les épaules découvertes, au point que la princesse, choquée, jeta son propre cachemire sur le cou de celle qui avait le plus exageré cette toilette ridicule. La leçon ne fut point comprise; au contraire, nos Hollandaises s'imaginèrent, avec une naïveté précieuse, que leur flatterie avait complétement réussi. Chacune d'elles, se promettant un beau cachemire, parut au bal suivant dans un état de presque nudité fort indécent. La vue d'un certain nombre de paniers et de cartons soigneusement fermés, les confirma dans l'idée que la reine allait faire une distribution générale de schals d'un grand prix. Rien ne saurait peindre leur surprise et leur désappointement, lorsque les cartons ayant été ouverts, il en sortit de grands mouchoirs de calicot, dont la reine leur fit présent avec la solennité la plus comique. Les anecdotes de la cour d'Espagne ne ressemblent point à celle-là; il y en a tant de connues, que je m'abstiendrai de les citer.

lez faire tirer de vos amplifications insidieuses, M. le Baron. Sans cela, comment oseriez-vous dire que les partisans de Joseph Bonaparte étaient de vrais Castillans, des patriotes sincères ? Vous exaltez les *Afrancesados* malgré votre profond mépris pour la nation française : n'est-ce point dans l'espoir de susciter un jour en Espagne un parti analogue qui ferait bon marché des destinées de la patrie, en faveur d'une seconde invasion, autre que l'invasion française devenue désormais impossible ? Vous demandez pourquoi ces nobles *Afrancesados* ne purent accomplir leur vie d'honneur toute entière, et vous répondez, qu'il ne leur a manqué rien qu'une *éducation nationale*, éducation que vous n'accordez pas davantage à leurs adversaires. En d'autres termes, pour quel gouvernement aurait dû combattre un véritable Espagnol, un patriote accompli? Pour l'absolutisme des vieux Bourbons, auxquels vous reprochez justement d'avoir avili l'ancienne Espagne ? Non. Pour la fédération ? Moins encore. Pour la république unitaire ? Nenni. Pour l'impérialisme et Bonaparte ? Mais voilà précisément ce que firent les *Afrancesados* ! Que manquait-il donc à leur éducation pour être parfaitement nationale ? Ce que vous voudriez inculquer à leurs héritiers politiques, M. le Baron : l'amour des Goths, des Goths sublimes !

XXXII.

Comment le poétique Baron d'Eckstein, compare Mme la Comtesse de Merlin à divers animaux, *quadrupèdes, volatiles, poissons.*

La naissance de Mme la Comtesse de Merlin est fort connue. A qui pense-t-on que M. le Baron d'Eckstein compare les auteurs de ses jours ? Au prince Fleur et à la princesse Fleur-Blanche (*Flos*, et *Blancheflos*), les ancêtres de Pepin le Bref ! Avais-je si grand tort de citer, en épigraphe la chanson du marquis de Carabas, et M. le Baron d'Eckstein n'est-il pas gothique en diable?

« Sous les feux du tropique, dans la tiédeur d'une atmosphère embau-» mée (la tiédeur de l'atmosphère du tropique!), voyez le colibri » voltiger de fleur en fleur. Il va se suspendre au calice de l'anémone; » son corps frémit de l'enivrement de son bec amoureux (un bec ivre, » que c'est joli!) il savoure le doux miel dans le sein de sa bien aimée; » son transport tient du délire. » Tel est le début des cent trente pages que M. le Baron d'Eckstein consacre à résumer les *Souvenirs* de la belle Havanaise, et je ne crains pas de dire que tout le reste de cet abrégé poétique, écrit sur le même ton, est digne d'un si beau commencement. Or, ce colibri, c'est Mme la Comtesse de Merlin, quand elle était « jeune fille » ou « naïve enfant de la Havane. » N'allez point, bon lecteur, discuter avec un rigorisme logique l'exactitude de cette admirable comparaison, ni rechercher ce que c'était que le bec amoureux de la jeune Havanaise. M. le Baron ne s'arrête point à ces bagatelles ; il écrit pour des Norwégiens, dont l'esprit n'est pas plus lumineux qu'il ne faut, et dont le bec est gelé pendant les neuf mois de l'année. L'essentiel est que le style de M. le Baron soit semé de colibris, d'anémones, de chaleur tempérée, d'enivremens, de frémissemens et d'amour. Il ne lui en faut pas davantage pour produire son effet.

Le poétique Baron, dès la quinzième ligne, nous fait de sa jeune héroïne le plus étonnant portrait. « Elle folâtre dans les forêts ; comme » l'écureuil, elle court de branche en branche ; elle lutte avec les vents » dans sa course ; elle s'élance comme la biche sur les montagnes ; » vous la diriez poisson quand elle plonge dans les ondes, etc., etc. »

Je vois d'ici les jeunes Espagnoles s'écrier avec indignation, en agitant leurs éventails : « Ea, seigneur Baron du Séland, nous ne som-» mes pas des écureuils volans; allez chercher vos poissons en Norwége; » nous n'avons jamais lutté de vitesse avec les vents; nous n'avons » jamais vu les biches s'élancer sur les montagnes. » Rassurez-vous, mes *Senoritas*, ce n'est point de vous qu'il s'agit, dans cette idylle amphigourique; c'est de Mme la Comtesse de Merlin.

Une jeune et riche créole me racontait ainsi son enfance : « Je n'ai » point vécu dans un palais somptueux comme les palais chimériques » où M. le Baron d'Eckstein place ses nobles Havanaises. Mon père avait

» cependant une maison meublée avec luxe ; mais c'était pour la mon-» trer aux étrangers. On la visitait le matin ou le soir ; on en sortait au » plus vite, à cause de la chaleur et des insectes qui se logent dans les » draperies. Tous le reste du temps, la maison d'apparat était déserte » et fermée à clef. Notre habitation ordinaire était aussi démeublée que » possible, afin d'y entretenir plus de fraîcheur. Une table et des chaises » de paille garnissaient notre grand salon, dont les murs étaient nus. » Des nattes couvraient le plancher rongé par des insectes; deux négresses » étaient constamment occupées à me garantir de ces animaux insup-» portables. Je sortais rarement, pour n'être pas noircie et brûlée par » les rayons d'un soleil flambant. Je n'ai jamais folâtré dans les forêts ; » l'on ne s'y hasarde qu'avec les plus grandes précautions. Quatre » nègres étaient toujours autour de moi pour frayer ma route et me » préserver des insectes et des serpens. »

Ne pouvant consulter à ce sujet Mme la Comtesse de Merlin, je m'en tiens aux renseignemens que m'a fournis la jeune créole, et je crois pouvoir les opposer aux extravagations poétiques de M. le Baron d'Eckstein. Les jeunes Espagnoles qui liront son livre, réclameront vivement contre plusieurs de ses assertions, et le prieront de ne point étendre jusqu'à elles les qualités excentriques des Havanaises. Elles se récrieront à certaines généralisations très-paradoxales, que le noble Baron du Séland pose comme des vérités. — « La religion dans une » jeune âme espagnole, surtout dans une âme de femme, est la lave » brûlante d'un amour impétueux ; c'est une éruption volcanique. »

Vous l'entendez, mes gelés de la Norwege et de Saint-Pétersbourg, qui dansez dans des palais de glace, et faites glisser vos traîneaux sur la neige battue ; vous l'entendez, mes patineurs ; une lave brûlante ! un amour impétueux ! une éruption volcanique ! Tout cela vous attend dans la religieuse Espagne, depuis mille cent vingt-cinq ans, depuis l'extermination des Goths.

Un peu plus loin, M. le Baron d'Eckstein nous apprend que la religion Espagnole, cette lave de brûlant amour, descend du ciel à la terre « plus rapide que la pensée franchissant d'incommensurables » distances. » Le mot est un peu lourd. Les extrêmes se touchent dans l'incompréhensible style de M. le Baron d'Eckstein. Ignore-t-il qu'en amour, il ne faut pas aller bien loin, ni franchir d'incommensurables distances, pour faire « prodigieusement du chemin » ? Il nous affirme que la religion espagnole permet « immensément à l'amour. » Qu'en savez-vous, noble Baron ? Avez-vous été en Espagne pour en parler en des termes si singuliers ? Et ne craignez-vous point de donner « prodigieusement » à penser à vos lecteurs, lorsque vous nous montrez la jeune Mercédès langoureuse et volcanique, entourée à Madrid d'un brillant état-major d'officiers français, et d'un nombre assez considérable de Castillans non moins religieux qu'amoureux ? *

Après avoir ainsi personnifié les dames Castillanes dans une Havanaise, M. le Baron d'Eckstein personnifie la Maïa Indienne dans Mme la Comtesse de Merlin. « Je me suis efforcé de peindre dans Mercédès et » l'enfant et la jeune fille espagnole. » Effectivement, notre grave auteur, notre moraliste sévère, prend au berceau la ravissante déesse, pour la conduire au lit nuptial, qu'elle devait partager avec le guerrier de race étrangère. M. le Baron du Séland détache de son front virginal la couronne des rosières, coupe son étroite ceinture avec la lame d'un sabre, entr'ouvre les rideaux, et souhaite aux deux époux une douce nuit.

Je vous en souhaite, braves Norwégiens, qui lisez le Baron d'Eckstein, pendant que la tempête siffle sur vos toits, et que le givre tombe le long de vos noires cheminées. Endormez-vous en pensant aux jeunes filles de l'Espagne, et soyez heureux, en rêve, en attendant que le sabre vous ait conquis un bonheur plus palpable, et de plus charmantes réalités !

* M. le Baron d'Eckstein ne doit pas ignorer que la religion septentrionale n'est pas plus sévère, et qu'elle permet « prodigieusement » à l'amour en Danemarck, en Norwège et même dans le Wurtemberg. Témoin l'aventure du revenant au manteau gris, dont les apparitions causèrent une si vive frayeur à toute la cour, au point que les sentinelles du château tombaient évanouies à l'aspect du fantôme. Le roi promit une forte récompense à celui qui le lui amènerait pieds et poingts liés. Un intrépide caporal saisit à la gorge le loup-garou ; mais le revenant fit preuve d'une vigueur extrême et parvint à s'esquiver, laissant un manteau de drap gris entre les mains de son antagoniste. En un instant, tout le monde fut sur pied ; on battit la chamade ; des officiers armés de flambeaux firent des recherches dans le château. Que trouvèrent-ils ? rien ; si ce n'est des bottes de cuirassier à la porte de l'appartement d'une jeune princesse. D'où je conclus que l'esprit en question abusait de la permission qu'on a d'être bête, et qu'aux bottes près, les choses se passent à peu près de même en Castille et dans le Wurtemberg.

XXXIII.

Ce que M. le Baron d'Eckstein promet aux Dames.

Il est surprenant, M. le Baron, qu'un noble chevalier tel que vous se soit montré peu galant envers nos dames. Auriez-vous par hasard « des révélations étonnantes » à faire sur leur compte ? Avez-vous aussi fait des notes contre elles ? Vous ont-elles « confié confidentiellement » que la race masculine de notre époque ne valait rien ? Vous ont-elles prié de leur procurer un peuple tout neuf, pour remplacer les hommes cacochymes qui habitent aujourd'hui la partie méridionale de notre globe ? * On le dirait presque à vous voir « contempler l'humanité dans » la plus belle moitié du genre humain, dans les femmes. » M. le Baron, qui se moque impitoyablement du français bigarré de nos jeunes humanitaires, contemple l'humanité dans la moitié du genre humain !

Pour résultat de cette agréable contemplation, M. le Baron signale une effrayante éclipse de la beauté du cœur, et l'absence complète de

* Si les dames françaises ont fait cette prière à M. le Baron d'Eckstein, elles ont eu grand tort à mon avis. Les suites pourraient en être graves; je crois qu'il est de mon devoir d'écrivain de les en prévenir charitablement. Les Françaises, je crois, ne sont point de l'humeur des Mexicaines et des Slavones, qui regardent la bastonade comme une preuve d'amour, et les guerriers du Nord battent leu rs femmes; témoin le prince d'O***, ce modèle de tout noble guerrier Allemand, Russe ou Lapon. Témoin encore le prince C*** de D*** qui (M. le Baron d'Eckstein le sait de bonne source et ne me dementira pas) rossa une belle nuit la sienne d'étrange sorte, comme aurait fait un vilain. Grand tapage! La princesse W***, à demi-nue, traverse les appartemens et crie au secours. Le Roi accourt en bonnet de nuit; le prince C***, devenu fou furieux, est garroté, puis envoyé à son exil d'Islande, où il est encore. Il faut dire à la justification du prince d'O*** et du prince C*** que la femme du premier est une Moscovite peu jolie, et celle du second une Albinos, qui joint à l'agrément de ressembler infiniment au roi F***, celui de baver comme un enfant au maillot. Conclusion : les guerriers du Nord soupirent pour les beautés du Midi ; ils promettent de ne point les battre. Mesdames, ne vous y fiez point, et craignez le changement. Sans vanité nous ne sommes pas trop mal. Feront-ils mieux ces chers Barbares?

la générosité de l'âme, dans la plus belle moitié du genre humain. « De » temps à autre, s'élance dans le désert du beau monde, un palmier » au pied duquel jaillit une source d'une eau vive et fraîche ; quelque » caravane extenuée d'une longue course pourra momentanément s'y » reposer. »

Vous êtes prodigieusement oriental, M. le Baron, et pas trop bon observateur ; les ans en sont la cause. Rassurez-vous, il s'élance en Italie, en France et en Espagne, une incroyable multitude de palmiers, avec des sources vives capables de désaltérer plus d'une caravane de Tartares. C'est ce que vous faites entendre et de reste, dans l'allégorie de la Maïa brahmanique, cette beauté divine, cette magicienne éperdue, dont les charmes et les caresses ont séduit le créateur, oublieux des mondes envahis par les ténèbres, depuis le jour où les bras de l'enchanteresse ont enlacé le mâle éternel, pour l'endormir dans la sublime extase d'un baiser ravissant.

Le peu de sanskrit que je sais, me suffit pour comprendre l'intention de cette allégorie indienne. Je conçois l'effet que doit produire votre livre lu dans les salons de Vienne, de Berlin et de Saint-Pétersbourg par des jeunes guerriers qui s'indignent de traîner un sabre oisif *. Vous avez tout calculé ; vos déclamations politiques, et vos longues descriptions du Midi ; tableaux grossiers, mais chaleureux, où vos Norwégiens, peu connaisseurs en bon style, trouveront les peintures les plus capables d'embraser leurs imaginations boréales. Vous êtes un grand maître dans l'art de diriger et « d'impressionner les esprits. » Peu de lecteurs français auront la simplicité de croire qu'un homme d'une morale aussi austère que la votre, et d'un âge aussi mûr, s'amuse sans but à dé-

* D'autres besoins impérieux leur font une nécessité de l'invasion. L'aristocratie transrhénane, outre qu'elle est profondément dépravée, se trouve réduite à une extrême pauvreté ; les rejetons des plus illustres familles n'ont conservé de leurs héritages que la cape et l'épée. Leur misère a été occasionée dans ces derniers siècles par l'introduction des jouissances du luxe au sein d'un pays sans commerce et peu productif. Il ne leur reste d'autre salut que la guerre et les conquêtes. Tous les petits princes de l'Allemagne sont criblés de dettes : ils vivent pendant l'hiver des produits du jeu et des escroqueries du tapis vert, qu'alimentent les richesses des voyageurs étrangers, Anglais et autres; à Pyrmont, Viesbaden, Carlsbad, Dobran, etc. Aujourd'hui, comme chez les anciens Goths, et chez les Celto-Scythes de l'antiquité, la perfidie, la cruauté, l'amour du pillage, l'ivrognerie et la fureur du jeu, sont les vices des Barbares. Le prince russe Ga*** n'a-t-il pas joué à Carlsbad, sur un coup de dé, une nuit de sa femme ?

ployer ainsi tout le luxe de la plus ardente poésie. Vous avez tracé de la situation politique de la France et de l'Espagne le tableau le plus noir ; et sur l'horizon méridional baigné d'un jour vaporeux et diaphane, vous avez laissé tomber, sur une couche de fleurs, la Maïa indienne, aux longs cheveux flottans, aux yeux noirs et magnétiques, ivres d'un amour effréné ; vous l'avez montrée toute nue aux Barbares ! Votre livre est là tout entier. Il peut se traduire en deux phrases que le barde perfide du Séland adresse aux guerriers ds son pays : « Aux armes ! enfans » d'Attila, enfans d'Odin, enfans de Thor ! Les temps sont accomplis ; » l'heure est venue ; marchez. Que le sabre immole des populations dé» crépites, désormais indignes de régner sur l'Occident. Méritez par le » combat d'un jour, par un sanglant triomphe, les plaisirs séculaires que » la conquête du Midi vous promet ! »

Je livre cette pensée aux méditations du lecteur.

www.ingramcontent.com/pod-product-compliance
Ingram Content Group UK Ltd.
Pitfield, Milton Keynes, MK11 3LW, UK
UKHW021553260726
13993UKWH00002B/802